ワークライフ・コーディネーター

コーディネーター

認定試験

公式精選問題集

Work Life Coordinator

試 験 概 要

【開催時期】

2月、5月、8月、11月　年4回

【問題数および制限時間】

問題数：60問　　　制限時間：90分

※予告なく変更する場合があります。

【受験方法】

公開会場受験、オンライン受験、CBT会場受験

※詳細は協会のホームページでご確認ください。

【受験料】

・通常受験される方　　　　11,000円（税込）
・学割受験される方　　　　 8,800円（税込）
・全情協資格者部会の方　　 8,800円（税込）

【解答方式／合格点】

・マークシートによる解答とします。
・正答率70％以上で合格とします。
　※ただし、問題の難易度により調整する場合があります。

【申込方法】

　インターネットでお申込みの場合は下記アドレスよりお申し込みください。

　http://www.joho-gakushu.or.jp/web-entry/siken/

郵送でお申込の場合は、下記までお問合せ下さい。

お問合せ先

一般財団法人　全日本情報学習振興協会

〒101-0061　東京都千代田区神田三崎町 3-7-12　　清話会ビル 5F

TEL：03-5276-0030　FAX：03-5276-0551

http://www.joho-gakushu.or.jp/

ワークライフ・コーディネーター認定試験はどんな試験？

　ワークライフ・コーディネーター認定試験は、企業経営者や人事担当者のみならず企業で働くひとりひとりの皆さんにも必ず挑戦してほしい試験です。

　ワークライフ・コーディネーター認定試験を受けることは、専門知識とスキルの習得、キャリアアップ、社会的貢献、企業内での役割強化、個人の生活の質向上、信頼性の向上など、多くのメリットをもたらします。資格を取得することで、個人としてもプロフェッショナルとしても成長し、社会全体の働き方改革に貢献することができます。

【試験の主な内容】

１．労働の基礎知識と、労働者のワークライフバランスを実現するための重要な概念

２．テーマごとのワークライフ・コーディネート

　非正規雇用労働者の処遇改善から、DX 推進、長時間労働の是正、柔軟な働き方の推進までの具体的な取り組みと法的支援。特に、テレワーク、副業・兼業、フレックスタイム制度の導入による働き方の革新

３．病気の治療、子育て・介護等と仕事の両立、障害者就労の推進
　各種支援制度と法律を通じた、労働者が直面する課題に対する具体的な対策と、女性活躍の推進や高齢者の就業促進に関する最新の動向

４．働き方に関する労働法の理解
　労働法の基本から、労働契約の成立、ハラスメント対策、労働契約の終了に至るまでの、労働者と使用者が知っておくべき法的知識

５．雇用関係法と社会保障・税制度
　労働基準法、労働契約法に加え、雇用保険、健康保険、公的年金制度、給与所得者と税に関する労働者の権利と保護を強化するための法的枠組み

問題 1. ワークライフコーディネートの重要性に関する以下のアからエまでの記述のうち、最も<u>適切ではない</u>ものを 1 つ選びなさい。

ア. 正社員を中心とした雇用慣行は、非正規の待遇の確保や非正規から正規への転換などの問題に目を向けない傾向にあったため、非正規の労働者の労働意欲を高め、労働生産性を向上するのは困難である。

イ. かつては、長期雇用や年功賃金に支えられる「正社員」制度を中心としてきた雇用慣行が日本の経済発展を支えてきたが、今では、多くの企業がリスク回避・雇用調整の安全弁として非正規雇用労働者を増やしている。

ウ. 特に長時間労働の傾向が強い「働き盛り」（30 歳〜50 歳程度）の男性労働者が心身の不調をきたしたり、ワーク・ライフ・バランスがとれなくなってしまうといった問題が社会化している。

エ. 正社員を中心とする複線型キャリアパスのもとでは、働く人がそのライフステージにあった仕事を選択することが難しいため、働く人のライフステージにあった仕事を選択しやすい雇用慣行を築かなければならない。

解説　| ワークライフコーディネートの重要性 |

ア　適　切。正社員を中心とした雇用慣行は、非正規の待遇の確保や非正規から正規への転換などの問題に目を向けない傾向にあったため、非正規の労働者の労働意欲を高め、労働生産性を向上するのは困難である。

イ　適　切。かつては、長期雇用や年功賃金に支えられる「正社員」制度を中心としてきた雇用慣行が日本の経済発展を支えてきたが、今では、多くの企業がリスク回避・雇用調整の安全弁として非正規雇用労働者を増やしている。

ウ　適　切。正社員にとっても、特に長時間労働の傾向が強い「働き盛り」(30 歳〜50 歳程度) の男性労働者を中心として、心身の不調をきたしたり、ワーク・ライフ・バランスがとれなくなってしまうといった問題が社会化している。

エ　不適切。正社員を中心とする単線型キャリアパスのもとでは、働く人がそのライフステージにあった仕事を選択しにくくなる。仕事と生活の調和 (ワーク・ライフ・バランス) のためには、働く人のライフステージにあった仕事を選択しやすい雇用慣行を築かなければならない。

| 正解　エ |

問題2．日本の経済社会の現状に関する以下のアからエまでの記述の
　　　 うち、最も<u>適切ではない</u>ものを1つ選びなさい。

　　ア．日本の経済は、雇用・所得環境の改善が続き、企業収益が高
　　　　 水準で推移する中、内需の柱である個人消費や設備投資が増
　　　　 加傾向にあり、緩やかな回復が続いている。

　　イ．日本の経済成長の隘路の根本には、人口減少と少子高齢化、
　　　　 それに伴う生産年齢人口の減少という構造的問題がある。

　　ウ．少子高齢化が進展する中、経済成長に対する労働力減少の
　　　　 影響を最小限に抑えるためには、就業者数・就業率の上昇に
　　　　 よる「量の増加」と生産性の向上による「質の改善」がとも
　　　　 に重要である。

　　エ．労働生産性を向上させるためには、成長分野への労働力移
　　　　 動やリスキリング、メンバーシップ型雇用の拡大、重点分野
　　　　 での研究開発への投資などを通じて、持続可能な成長を促進
　　　　 する必要がある。

解説 　日本の経済社会の現状

ア　適　切。日本の経済は、雇用・所得環境の改善が続き、企業収益が高水準で推移する中、内需の柱である個人消費や設備投資が増加傾向にあり、緩やかな回復が続いている。

イ　適　切。日本の経済成長の隘路の根本には、人口減少と少子高齢化、それに伴う生産年齢人口の減少という構造的問題がある。

ウ　適　切。少子高齢化が進展する中、経済成長に対する労働力減少の影響を最小限に抑えるためには、就業者数・就業率の上昇による「量の増加」と生産性の向上による「質の改善」がともに重要である。

エ　不適切。労働生産性を向上させるためには、成長分野への労働力移動やリスキリング、ジョブ型雇用の拡大、重点分野での研究開発への投資などを通じて、持続可能な成長を促進する必要がある。

正解　エ

4

問題３．少子社会の現状に関する次の文章中の（　　　）に入る適切な
　　　　語句の組合せを、以下のアからエまでのうち１つ選びなさい。

　　日本の出生数と出生率は、終戦直後のベビーブームで、１年
間に250万人以上の人が生まれたが、その後、急速な出生率低下
が起こり、1950年代半ばから1970年代前半までの間は、合計特
殊出生率がほぼ２前後で安定した時期が続いた。その後、1970
年代半ばから、合計特殊出生率は人口置換水準を割り込み、少
子化といわれる低い出生率が続いている。
　　特に、1989年の合計特殊出生率が丙午の年ではないにもかか
わらず（　ａ　）を記録したことは「（ａ）ショック」と言わ
れ、少子化に対する国民の関心が高まるきっかけとなった。そ
の後、各般の取り組みを進めても出生率は下げ止まらず、2023
年の合計特殊出生率は（　ｂ　）と過去最低となった。

ア．ａ．1.75　　　ｂ．1.36

イ．ａ．1.75　　　ｂ．1.20

ウ．ａ．1.57　　　ｂ．1.20

エ．ａ．1.57　　　ｂ．1.36

解説　少子社会の現状

　日本の出生数と出生率は、終戦直後のベビーブームで、1年間に
250万人以上の人が生まれたが、その後、急速な出生率低下が起こり、
1950年代半ばから1970年代前半までの間は、合計特殊出生率がほ
ぼ2前後で安定した時期が続いた。その後、1970年代半ばから、合
計特殊出生率は人口置換水準を割り込み、少子化といわれる低い出生
率が続いている。
　特に、1989年の合計特殊出生率が丙午の年ではないにもかかわら
ず（**a．1.57**）を記録したことは「1.57ショック」と言われ、少子化
に対する国民の関心が高まるきっかけとなった。その後、各般の取り
組みを進めても出生率は下げ止まらず、2023年の合計特殊出生率は
（**b．1.20**）と過去最低となった。

（厚生労働省「令和5年人口動態統計月報年計(概数) の概況」）

正解　ウ

6

問題4．日本の少子高齢化に関する以下のアからエまでの記述のう
ち、最も適切ではないものを1つ選びなさい（出典：厚生労
働省「令和5年人口動態統計月報年計(概数)の概況」、総務
省「令和5年人口推計」）。

ア．少子高齢化とは、出生率が減少し、総人口における子どもの
割合が低下する「少子化」と、65歳以上の高齢者人口が増加
して高齢化率が上昇する「高齢化」が同時に進行している状
況のことである。

イ．出生数の年次推移をみると、昭和24年をピークに、昭和50年
以降は減少と増加を繰り返しながら減少傾向が続いており、
2023年の出生数は83万人弱となった。

ウ．65歳以上人口と15〜64歳人口の比率を見ると、2023年に
は、65歳以上の者1人に対して現役世代2人になっている。

エ．65歳以上人口が総人口に占める割合（高齢化率）は、約3割
である。

解説　少子高齢化

ア　適　切。少子高齢化とは、出生率が減少し、総人口における子ど
　　　　　もの割合が低下する「少子化」と、65 歳以上の高齢者
　　　　　人口が増加して高齢化率が上昇する「高齢化」が同時に
　　　　　進行している状況のことである。

イ　不適切。令和 5 年の出生数は 72 万 7277 人で、前年の 77 万 759
　　　　　人より 4 万 3482 人減少し、出生率（人口千対）は 6.0
　　　　　で、前年の 6.3 より低下している。出生数の年次推移を
　　　　　みると、昭和 24 年の 269 万 6638 人をピークに、昭和
　　　　　50 年以降は減少と増加を繰り返しながら減少傾向が続
　　　　　いており、平成 27 年は 5 年ぶりに増加したが、平成 28
　　　　　年から再び減少している。

ウ　適　切。65 歳以上人口と 15〜64 歳人口の比率を見ると、1950
　　　　　年には 65 歳以上の者 1 人に対して現役世代（15〜64 歳
　　　　　の者）12.1 人がいたのに対して、2023 年には 65 歳以
　　　　　上の者 1 人に対して現役世代 2.0 人になっている。

エ　適　切。我が国の 65 歳以上人口は、1950 年には総人口の 5 ％に
　　　　　満たなかったが、1970 年に 7 ％を超え、さらに、1994
　　　　　年には 14％を超えた。高齢化率はその後も上昇を続け、
　　　　　2023 年 10 月 1 日現在、29.1％に達している。

正解　イ

8

問題5．女性の活躍に関する以下のアからエまでの記述のうち、最も
　　　　適切ではないものを1つ選びなさい。

　　ア．2006年以降の就業者数について、男性は2008年から停滞の
　　　　傾向であるが、女性は就業の拡大が続き、2023年には3000
　　　　万人超えとなった。

　　イ．就業者に占める女性の割合は45.2%と、欧米諸国とほぼ同
　　　　水準となっている。

　　ウ．管理的職業従事者における女性の割合は、長期的に上昇傾
　　　　向にあるものの、30%と低い水準にとどまり、欧米諸国と比
　　　　してかなり低い。

　　エ．日本の女性は出産後に退職する場合が多く、女性の年齢階
　　　　級別労働力人口比率は、25〜29歳及び30〜34歳を底とする
　　　　M字カーブを描いていたが、2023年ではカーブが浅くなり、
　　　　台形に近づいている。

解説　　女性の活躍

ア　適　切。2006 年以降の就業者数について、男性は 2008 年から停滞の傾向であるが、女性は就業の拡大が続き、2023 年には 3051 万人となった（総務省「労働力調査（基本集計）2023 年」）。

イ　適　切。就業者に占める女性の割合は 45.2％と、欧米諸国とほぼ同水準となった（総務省「労働力調査（基本集計）2023 年」）。

ウ　不適切。管理的職業従事者における女性の割合は、長期的に上昇傾向にあるものの、<u>12.9％</u>と低い水準にとどまり、欧米諸国（米国：41.0％、英国：37.2％等）のほか、アジア諸国（フィリピン：53.4％、シンガポール：40.3％等）と比べてもかなり低い（労働政策研究・研修機構「国際労働比較 2024」）。

エ　適　切。日本の女性は出産後に退職する場合が多く、女性の年齢階級別労働力人口比率は、25〜29 歳及び 30〜34 歳を底とするＭ字カーブを描いていたが、2023 年ではカーブが浅くなり、台形に近づいている。

正解　ウ

問題6．女性活躍推進の必要性に関する以下のアからエまでの記述
　　　のうち、最も<u>適切ではない</u>ものを1つ選びなさい。

　ア．日本では、少子高齢化が進み、将来的に深刻な労働力不足が
　　　懸念されている。

　イ．「女性の力」は我が国最大の潜在力であり、人材の確保にと
　　　どまらず、企業活動、行政、地域等の現場に創意工夫をもた
　　　らし、家族や地域の価値を大切にしつつ、社会全体に活力を
　　　与えるものである。

　ウ．妊娠・出産・育児などのライフイベントを理由として、離
　　　職せざるを得ない女性が数多く存在する。

　エ．働いている女性の多くが非正規雇用の形態で働いているが、
　　　非正規雇用から正規雇用労働者に転換する割合は男性と同
　　　等の水準である。

解説　| 女性活躍推進の必要性 |

ア　適　切。日本では、少子高齢化が進み、将来的に深刻な労働力不
　　　　　　足が懸念されている。

イ　適　切。「『日本再興戦略』改訂 2014」（平成 26 年 6 月閣議決
　　　　　　定）では、我が国最大の潜在力である「女性の力」は、
　　　　　　人材の確保にとどまらず、企業活動、行政、地域等の現
　　　　　　場に多様な価値観や創意工夫をもたらし、家族や地域の
　　　　　　価値を大切にしつつ社会全体に活力を与えるものと位
　　　　　　置づけ、女性の更なる活躍推進に向けた施策が、「育児・
　　　　　　家事支援環境の拡充」、「企業等における女性の登用を促
　　　　　　進するための環境整備」及び「働き方に中立的な税・社
　　　　　　会保障等への見直し」の大きく 3 つの柱で示された。

ウ　適　切。就業を希望する多くの女性が出産・育児などの理由で一
　　　　　　度仕事や社会活動から離れざるを得ない。

エ　不適切。働いている女性の多くが非正規雇用の形態で働いてお
　　　　　　り、非正規雇用から正規雇用労働者に転換する割合も<u>男
　　　　　　性に比して低い水準に留まっている</u>。

| 正解　エ |

問題 7. 働く女性の実情に関する以下のアからエまでの記述のうち、最も適切ではないものを1つ選びなさい。

ア．近年では、女性活躍推進法や働き方改革関連法に基づく企業の取組、保育の受け皿整備、両立支援等、これまでの官民の積極的な取組により、年々、第1子出産後も就業継続する女性は増加しており、直近では、第1子出産前有職者の約5割が就業を継続している。

イ．女性の従業上の地位別に第1子出産後の就業継続率を見ると、「正規の職員」及び「自営業主・家族従業者・内職」の就業継続率は、「パート・派遣」の就業継続率を大きく上回っている。

ウ．2023年における役員を除く女性雇用者の正規の職員・従業員と非正規の職員・従業員の割合は、46.8%：53.2%と非正規が上回っている。

エ．男女間の賃金格差は、縮小傾向にあるものの、男性一般労働者の給与水準を100としたときの女性一般労働者の給与水準は75.7で、依然として格差がある。

解説　　女性の活躍

ア　不適切。近年では、女性活躍推進法や働き方改革関連法に基づく企業の取組、保育の受け皿整備、両立支援等、これまでの官民の積極的な取組により、年々、第1子出産後も就業継続する女性は増加しており、直近では、第1子出産前有職者の約 69.5% が就業を継続している（内閣府「令和6年版男女共同参画白書」）。

イ　適　切。女性の従業上の地位別に第1子出産後の就業継続率を見ると、「正規の職員」及び「自営業主・家族従業者・内職」の就業継続率は8割を超えているのに対し、「パート・派遣」の就業継続率は約4割にとどまっており、雇用形態別に見ると大きな差がある（内閣府「令和5年版男女共同参画白書」）。

ウ　適　切。2023年における役員を除く女性雇用者の正規の職員・従業員と非正規の職員・従業員の割合は、46.8%：53.2%と非正規が上回っている（総務省「労働力調査（基本集計）2023年」）。

エ　適　切。男女間の賃金格差は、縮小傾向にあるものの、男性一般労働者の給与水準を 100 としたときの女性一般労働者の給与水準は74.8 で、依然として格差がある（厚生労働省「2023年賃金構造基本統計調査」）。

正解　ア

問題8. 労働経済に関する用語についての以下のアからエまでの記述のうち、最も適切ではないものを1つ選びなさい。

ア.「完全失業者」とは、仕事がない、かつ仕事にすぐ就くことができない者である。

イ.「就業率」とは、15歳以上人口に占める「就業者」（従業者＋休業者）の割合である。

ウ.「労働力人口」とは、「就業者」と「完全失業者」をあわせたものである。

エ.「労働参加率」は、生産年齢人口に占める労働力人口の割合である。

解説　　労働経済に関する用語

ア　不適切。「完全失業者」とは、①仕事がないが、②仕事があれば
　　　　すぐ就くことができる者で、③仕事を探す活動をしてい
　　　　た者である。つまり、完全失業者は３つの要件を全部満
　　　　たす必要がある。

イ　適　切。就業者数は、従業者（収入を伴う仕事をしている者）と
　　　　休業者（仕事を持っていながら病気などのため休んでい
　　　　る者）を合わせたものなので、就業率は、15 歳以上人
　　　　口のうち、実際に労働力として活用されている割合を示
　　　　しているといえる。

ウ　適　切。「労働力人口」とは、「就業者」と「完全失業者」をあわ
　　　　せたものである。

エ　適　切。「労働参加率」とは、生産年齢人口（15 歳から 64 歳ま
　　　　での人口）に占める労働力人口（就業者＋完全失業者）
　　　　の割合を指す。

正解　ア

16

問題9. 労働経済に関する用語についての以下のアからエまでの記述のうち、最も適切ではないものを1つ選びなさい。

ア．GDPとは、「国内総生産」のことを指し、国内で一定期間内に生産されたモノやサービスの付加価値の合計額を表す指標である。

イ．GDPは、日本国内の景気を測る指標として重視され、内閣府により発表されている。

ウ．国内の経済活動の規模や動向を見る場合には、物価の変動の影響を受けない実質GDPを参照することが多い。

エ．GDPは市場で取引されるものを対象とするため、家事労働やボランティア活動などは含まれず、日本企業が海外で生産したモノやサービスの付加価値も含まれていない。

解説 労働経済用語

ア　適　切。記述の通り。GDPは「Gross Domestic Product」の略
であり、国内で一定期間内に生産されたモノやサービス
の付加価値の合計額を表す指標である。

イ　適　切。GDPは、日本国内の景気を測る指標として重視され、
内閣府により発表されている。

ウ　不適切。国内の経済活動の規模や動向を見る場合には、物価の
変動を反映した名目GDPを参照することが多い。また、
名目GDPはインフレ・デフレによる物価変動の影響を
受けるため、経済成長率を見るときは実質GDPを参照
することが多い。

エ　適　切。GDPは市場で取引されるものを対象とするため、家事
労働やボランティア活動などは含まれず、日本企業が海
外で生産したモノやサービスの付加価値も含まれてい
ない。

正解　ウ

18

問題10. 次の各文章の（　　）に入る<u>適切な</u>語句を、以下のアから
エまでのうち1つ選びなさい。なお、（　　）には全て同じ
語句が入る。

・働き方改革実行計画では、「働き方改革こそが、（　　）を改
善するための最良の手段である」としている。

・日本の（　　）は、フランス、ドイツ、米国、英国といった
OECD主要国の中では低い水準にあり、特に、時間あたり
（　　）が低く、主要先進7か国でみると、最下位の状況が
続いている。

・我が国においては、少子高齢化による労働力人口の減少を克
服することが大きな課題となっており、（　　）の向上が必
要不可欠であるとされている。

ア．国内総生産　　　イ．労働分配率　　　ウ．労働生産性
エ．景気動向指数

解説 　労働生産性

・働き方改革実行計画では、「働き方改革こそが、**労働生産性**を改善するための最良の手段である」としている。

・日本の**労働生産性**は、フランス、ドイツ、米国、英国といったOECD主要国の中では低い水準にあり、特に、時間あたり**労働生産性**が低く、主要先進7か国でみると、最下位の状況が続いている。

・我が国においては、少子高齢化による労働力人口の減少を克服することが大きな課題となっており、**労働生産性**の向上が必要不可欠であるとされている。

正解　ウ

20

問題11. 次の図は、時間当たり労働生産性の国際比較である。図中の
　　　　（　　）に入る適切な国名の組合せを、以下のアからエまで
　　　　のうち１つ選びなさい。

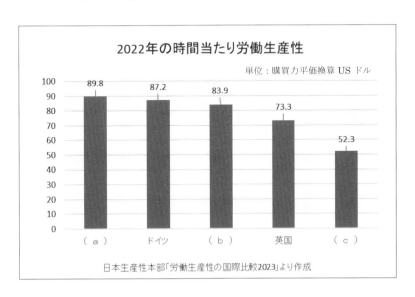

ア．a．米国　　　　　b．日本　　　　　c．フランス

イ．a．米国　　　　　b．フランス　　　c．日本

ウ．a．フランス　　　b．米国　　　　　c．日本

エ．a．フランス　　　b．日本　　　　　c．米国

解説　日本型雇用慣行の特徴

OECD データに基づく、2022 年の時間当たり労働生産性（就業 1 時間当たり付加価値(購買力平価換算) 単位：ドル）は、米国：89.8、ドイツ：87.2、フランス：83.9、英国：73.3 だったが、日本は、52.3 だった。順位でみると、OECD 加盟 38 カ国中 30 位で、データが取得可能な 1970 年以降、最も低い順位になっている（日本生産性本部「労働生産性の国際比較 2023」）。

正解　イ

問題 12. ダイバーシティ経営に関する次の文章中の（　　）に入る
適切な語句の組合せを、以下のアからエまでのうち1つ選
びなさい。

　「ダイバーシティ経営」は、多様な属性の違いを活かし、個々
の人材の能力を最大限引き出すことにより、（　a　）を生み
出し続ける企業を目指して、全社的かつ継続的に進めていく経
営上の取組みである。海外投資家を中心に、ダイバーシティに
よるイノベーションの創出や、（　b　）向上に対する効果に
注目が集まっている。また、優秀な人材獲得のためにも、従来
の均質的な（　c　）を変革する柱として、ダイバーシティ経
営の実践が求められている。

出典：経済産業省「ダイバーシティ2.0検討会報告書～競争戦略としてのダイバー
　　　シティの実践に向けて～」

ア．a．創造価値　　　b．生産性の　　　　　　　c．人材戦略

イ．a．付加価値　　　b．取締役会の監督機能　　c．人材戦略

ウ．a．付加価値　　　b．生産性の　　　　　　　c．経営戦略

エ．a．創造価値　　　b．取締役会の監督機能　　c．経営戦略

　　ダイバーシティ経営

　「ダイバーシティ経営」は、多様な属性の違いを活かし、個々の人材の能力を最大限引き出すことにより、（ a . 付加価値）を生み出し続ける企業を目指して、全社的かつ継続的に進めていく経営上の取組みである。海外投資家を中心に、ダイバーシティによるイノベーションの創出や、（ b . 取締役会の監督機能）向上に対する効果に注目が集まっている。また、優秀な人材獲得のためにも、従来の均質的な（ c . 人材戦略）を変革する柱として、ダイバーシティ経営の実践が求められている。

（経済産業省『ダイバーシティ 2.0 検討会報告書～競争戦略としてのダイバーシティの実践に向けて～』より）

正解　イ

問題13. ダイバーシティ経営に関する以下のアからエまでの記述の
うち、最も<u>適切ではない</u>ものを1つ選びなさい。

ア．経済産業省では、ダイバーシティ経営を「多様な人材を活か
し、その能力が最大限発揮できる機会を提供することで、イノ
ベーションを生み出し、価値創造につなげている経営」と定義
している。

イ．「多様な人材」には、性別、年齢、人種や国籍、障がいの有無、
価値観などの多様性が含まれるが、信条や働き方などの多様性
は含まれない。

ウ．「能力」には、多様な人材それぞれの持つ潜在的な能力や特性
などが含まれる。

エ．「イノベーションを生み出し、価値創造につなげている経営」
とは、組織内の個々の人材がその特性を活かし、いきいきと働
くことの出来る環境を整えることによって、「自由な発想」が
生まれ、生産性を向上し、自社の競争力強化につながる、といっ
た一連の流れを生み出しうる経営をいう。

解説　非正規雇用労働者

ア　適　切。経済産業省では、ダイバーシティ経営を「多様な人材を
　　　　　　活かし、その能力が最大限発揮できる機会を提供するこ
　　　　　　とで、イノベーションを生み出し、価値創造につなげて
　　　　　　いる経営」と定義している。

イ　不適切。「多様な人材」には、性別、年齢、人種や国籍、障がい
　　　　　　の有無、性的指向、宗教・信条、価値観などの多様性だ
　　　　　　けでなく、キャリアや経験、働き方などの多様性も含ま
　　　　　　れる。

ウ　適　切。「能力」には、多様な人材それぞれの持つ潜在的な能力
　　　　　　や特性などが含まれる。

エ　適　切。「イノベーションを生み出し、価値創造につなげている
　　　　　　経営」とは、組織内の個々の人材がその特性を活かし、
　　　　　　いきいきと働くことの出来る環境を整えることによっ
　　　　　　て、「自由な発想」が生まれ、生産性を向上し、自社の
　　　　　　競争力強化につながる、といった一連の流れを生み出し
　　　　　　うる経営をいう。

正解　イ

問題14. 非正規雇用労働者に関する以下のアからエまでの記述のうち、最も適切ではないものを１つ選びなさい。

ア．非正規雇用労働者（非正規労働者）は、いわゆる正規雇用労働者（正社員）ではない、短時間労働者（パートタイム労働者）、有期雇用労働者（契約社員）、派遣労働者（派遣社員）などの総称である。

イ．教育訓練の実施状況をみると、計画的なOJTや入職時のガイダンスを正社員に実施している企業のうち、非正規労働者にも当該教育訓練を実施している企業は、７割程度である。

ウ．2023年には正規雇用労働者数（正規の職員・従業員）が、3615万人に達し、役員を除く雇用者に占める非正規雇用労働者は２割以下となった。

エ．非正規雇用労働者は、正規雇用労働者とは区別されて、長期的なキャリアパスには乗せられず、配置、賃金、賞与、退職金において正規雇用労働者に比して低い取扱いを受け、雇用調整の安全弁として雇止めの対象とされやすい。

解説　非正規雇用労働者

ア　適　切。非正規雇用労働者（非正規労働者）は、いわゆる正規雇
用労働者（正社員）ではない、短時間労働者（パートタ
イム労働者）、有期雇用労働者（契約社員）、派遣労働者
（派遣社員）などの総称である。

イ　適　切。教育訓練の実施状況をみると、計画的な OJT や入職時
のガイダンスを正社員に実施している企業のうち、非正
規労働者にも当該教育訓練を実施している企業は、7 割
程度である。

ウ　不適切。2023 年には正規雇用労働者数（正規の職員・従業員）
が、3615 万人に達しているが、役員を除く雇用者に占
める非正規雇用労働者の割合は 37% と、依然として高
い（総務省「労働力調査」）。

エ　適　切。非正規雇用労働者は、正規雇用労働者とは区別されて、
長期的なキャリアパスには乗せられず、配置、賃金、賞
与、退職金において正規雇用労働者に比して低い取扱い
を受け、雇用調整の安全弁として雇止めの対象とされや
すい。

正解　ウ

問題15. 次の図は、正社員とパートタイム労働者に対する各種制度等
の適用状況を示している。（　　　）に入る適切な語句の組合
せを、以下のアからエまでのうち1つ選びなさい。

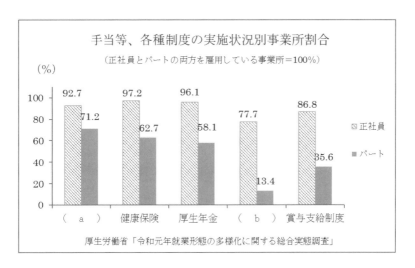

ア．a．人事評価・考課制度　　　b．退職金制度

イ．a．人事評価・考課制度　　　b．雇用保険

ウ．a．雇用保険　　　　　　　　b．退職金制度

エ．a．雇用保険　　　　　　　　b．人事評価・考課制度

解説 　　正規と非正規労働者の各種制度の適用格差

　社会保険の適用、退職金や賞与の支給といった事業所における各種制度の適用状況については、正社員（フルタイムの無期契約労働者）と、正社員以外（契約社員、嘱託社員、出向社員、派遣労働者、臨時労働者、パートタイム労働者等正社員以外の者）とでは、次のとおり、実施状況に差がみられ、正社員に比べて正社員以外は大きく下回っている（厚生労働省「就業形態の多様化に関する総合実態調査」令和元年）。

・雇用保険は正社員：92.7%に対し正社員以外：71.2%
・健康保険は正社員：97.2%に対し正社員以外：62.7%
・厚生年金は正社員：96.1%に対し正社員以外：58.1%
・退職金制度は正社員：77.7%に対し正社員以外：13.4%
・賞与支給制度は正社員：86.8%に対し正社員以外：35.6%

　また、正社員との比較でみると、いずれの就業形態においても、「給食施設（食堂）の利用」「休憩室の利用」「更衣室の利用」などの福利厚生施設の利用については正社員と比べて9割程度、「通勤手当」は8割程度、「法定外の休暇（夏季冬季休暇や病気休暇など）」「慶弔休暇」は6〜8割程度、「定期的な昇給」「人事評価・考課」「賞与」は4〜6割程度の実施となっている。

正解　ウ

問題16. 「同一労働同一賃金ガイドライン」に関する以下のアからエ
　　　までの記述のうち、最も適切ではないものを1つ選びなさい。

ア．役職の内容に対して支給している役職手当について、通常の
　　労働者Xの役職と同一の役職名であって同一の内容の役職
　　に就く有期雇用労働者Yに、Xに比べ低く支給している。こ
　　れは不合理な待遇差であり、本ガイドライン上問題となる。

イ．通常の労働者Xと時間数及び職務の内容が同一の深夜労働
　　を行った短時間労働者Yに、深夜労働以外の労働時間が短い
　　ことから、深夜労働に対して支給される手当の単価をXより
　　低く設定している。これは不合理な待遇差ではなく、本ガイ
　　ドライン上問題とならない。

ウ．通常の労働者Xと有期雇用労働者Yには全国一律の基本給
　　の体系を適用しており、かつ、いずれも転勤があるにもかか
　　わらず、Xに支給している地域手当をYには支給していない。
　　これは不合理な待遇差であり、本ガイドライン上問題となる。

エ．通常の労働者か短時間・有期雇用労働者かを問わず、就業
　　する時間帯又は曜日を特定して就業する労働者には、労働者
　　の採用が難しい早朝若しくは深夜又は土日祝日に就業する
　　場合に特殊勤務手当を支給するが、それ以外の労働者には特
　　殊勤務手当を支給していない。これは不合理な待遇差ではな
　　く、本ガイドライン上問題とならない。

解説　同一労働同一賃金ガイドライン

ア　適　切。本ガイドラインでは、「(問題となる例) 役職手当について、役職の内容に対して支給しているＡ社において、通常の労働者であるＸの役職と同一の役職名であって同一の内容の役職に就く有期雇用労働者であるＹに、Ｘに比べ役職手当を低く支給している。」と記載されている。

イ　不適切。本ガイドラインでは、「(問題となる例) Ａ社においては、通常の労働者であるＸと時間数及び職務の内容が同一の深夜労働又は休日労働を行った短時間労働者であるＹに、深夜労働又は休日労働以外の労働時間が短いことから、深夜労働又は休日労働に対して支給される手当の単価を通常の労働者より低く設定している。」と記載されている。

ウ　適　切。本ガイドラインでは、「(問題となる例) Ａ社においては、通常の労働者であるＸと有期雇用労働者であるＹにはいずれも全国一律の基本給の体系を適用しており、かつ、いずれも転勤があるにもかかわらず、Ｙには地域手当を支給していない。」と記載されている。

エ　適　切。本ガイドラインでは、「(問題とならない例) Ａ社においては、通常の労働者か短時間・有期雇用労働者かの別を問わず、就業する時間帯又は曜日を特定して就業する労働者には労働者の採用が難しい早朝若しくは深夜又は土日祝日に就業する場合に時給に上乗せして特殊勤務手当を支給するが、それ以外の労働者には時給に上乗せして特殊勤務手当を支給していない。」と記載されている。

正解　イ

32

問題17. キャリアアップ助成金に関する以下のアからエまでの記述のうち、最も適切ではないものを1つ選びなさい。

ア.「キャリアアップ助成金」は、有期雇用労働者、短時間労働者、派遣労働者といった、非正規雇用労働者の企業内でのキャリアアップを促進するため、正社員化、処遇改善の取組を実施した事業主に対して助成する制度である。

イ.キャリアアップ助成金の金額は、実施した事業主の企業規模に関わらず同額が支給される。

ウ.「正社員化コース」は、有期雇用労働者等を正社員化した場合に助成する制度であるが、ここでいう「正社員」には、勤務地限定正社員、職務限定正社員、短時間正社員も含まれる。

エ.「社会保険適用時処遇改善コース」は、短時間労働者の労働時間を延長して新たに社会保険の被保険者とした場合、または新たに社会保険の被保険者となった際に、手当支給・賃上げを行った場合に助成する制度である。

解説　キャリアアップ助成金

ア　適　切。「キャリアアップ助成金」は、有期雇用労働者、短時間
　　　　　　労働者、派遣労働者といった、非正規雇用労働者の企業
　　　　　　内でのキャリアアップを促進するため、正社員化、処遇
　　　　　　改善の取組を実施した事業主に対して助成する制度で
　　　　　　ある。

イ　不適切。「企業規模に関わらず同額」が誤り。正しくは、「大企業
　　　　　　と中小企業とでは金額が異なる」である。正社員化、処
　　　　　　遇改善の取組を実施した中小企業には、大企業よりも高
　　　　　　額が支給される。

ウ　適　切。「正社員化コース」は、有期雇用労働者等を正社員化し
　　　　　　た場合に助成する制度であるが、ここでいう「正社員」
　　　　　　には、勤務地限定正社員、職務限定正社員、短時間正社
　　　　　　員も含まれる。

エ　適　切。「社会保険適用時処遇改善コース」は、短時間労働者の
　　　　　　労働時間を延長して新たに社会保険の被保険者とした
　　　　　　場合、または新たに社会保険の被保険者となった際に、
　　　　　　手当支給・賃上げを行った場合に助成する制度である。

正解　イ

問題 18. パートタイム・有期雇用労働者を雇入れる際の説明に関する以下のアからエまでの記述のうち、最も適切ではないものを1つ選びなさい。

ア．事業主は、パートタイム・有期雇用労働者を雇い入れたときは、速やかに、実施する雇用管理の改善などに関する措置の内容を説明しなければならない。

イ．説明の方法としては、雇い入れたときに、個々の労働者ごとに説明を行うほか、雇入れ時の説明会等において、複数のパートタイム・有期雇用労働者に同時に説明を行うことも差し支えない。

ウ．事業主は、パートタイム・有期雇用労働者を雇い入れたときは、速やかに、当該パートタイム・有期雇用労働者と通常の労働者との間の待遇の相違の内容及び理由並びにその待遇を決定するに当たって考慮した事項を説明しなければならない。

エ．事業主は、パートタイム・有期雇用労働者が、当該パートタイム・有期雇用労働者と通常の労働者との間の待遇の相違について説明を求めたことを理由として、そのパートタイム・有期雇用労働者に対して解雇その他不利益な取扱いをしてはならない。

解説　パートタイム・有期雇用労働法

ア　適　切。事業主は、パートタイム・有期雇用労働者を雇い入れた
　　　　　　ときは、速やかに、実施する雇用管理の改善などに関す
　　　　　　る措置の内容を説明しなければならない（パートタイ
　　　　　　ム・有期雇用労働法14条1項）。

イ　適　切。雇用管理の改善等に関する措置の内容の説明方法として
　　　　　　は、雇い入れたときに、個々の労働者ごとに説明を行う
　　　　　　ほか、雇入れ時の説明会等において、複数のパートタイ
　　　　　　ム・有期雇用労働者に同時に説明を行うことも差し支え
　　　　　　ない。

ウ　不適切。事業主は、その雇用するパートタイム・有期雇用労働者
　　　　　　から求めがあったときは、当該パートタイム・有期雇用
　　　　　　労働者と通常の労働者との間の待遇の相違の内容及び
　　　　　　理由並びにその待遇を決定するに当たって考慮した事
　　　　　　項を説明しなければならない（パートタイム・有期雇用
　　　　　　労働法14条2項）。

エ　適　切。事業主は、パートタイム・有期雇用労働者が、当該パー
　　　　　　トタイム・有期雇用労働者と通常の労働者との間の待遇
　　　　　　の相違について説明を求めた（パートタイム・有期雇用
　　　　　　労働法14条2項）ことを理由として、そのパートタイ
　　　　　　ム・有期雇用労働者に対して解雇その他不利益な取扱い
　　　　　　をしてはならない（同条3項）。

正解　ウ

36

問題 19. 3年間の有期労働契約を締結している労働者が1回目の契約更新をして、通算労働契約期間が5年を超えるようになった場合、無期転換申込権が発生する。無期転換申込権の発生から消滅までの期間として適切なものを、以下のアからエまでのうち1つ選びなさい。

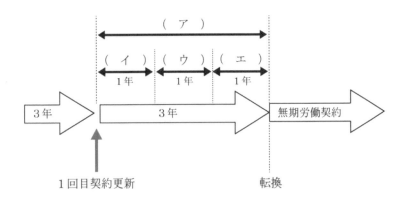

解説　有期労働契約の期間の定めのない労働契約への転換

　「同一の使用者との間で締結された二以上の有期労働契約(契約期間の始期の到来前のものを除く。以下この条において同じ)の契約期間を通算した期間(次項において「通算契約期間」という)が五年を超える労働者が、当該使用者に対し、現に締結している有期労働契約の契約期間が満了する日までの間に、当該満了する日の翌日から労務が提供される期間の定めのない労働契約の締結の申込みをしたときは、使用者は当該申込みを承諾したものとみなす。この場合において、当該申込みに係る期間の定めのない労働契約の内容である労働条件は、現に締結している有期労働契約の内容である労働条件(契約期間を除く)と同一の労働条件(当該労働条件(契約期間を除く)について別段の定めがある部分を除く)とする。」（労働契約法第 18 条 1 項）

正解　ア

38

問題20. 有期労働契約から無期労働契約に転換することができる「無期転換ルール」に関する以下のアからエまでの記述のうち、最も適切ではないものを1つ選びなさい。

ア. 所定の要件を満たしている有期契約労働者が期間の定めのない労働契約の締結の申し込み（無期転換申込権の行使）をした場合は、使用者が申し込みを承諾したものとみなされ、無期労働契約が成立する。

イ. 無期転換申込権は、同一の使用者との間で締結された2つ以上の有期労働契約の通算契約期間が3年を超える場合に発生する。

ウ. 無期転換ルールにおける通算契約期間は、「同一の使用者」ごとに計算するため、事業場が変わった場合でも、同じ事業主の事業場間の異動であれば、契約期間は通算される。

エ. 無期転換申込権の行使は、労働者の権利であり、申込みをするかどうかは労働者の自由である。無期転換申込権を得た労働者が、その有期労働契約中に無期転換の申し込みをしなかったときは、次の更新以降に無期転換の申し込みをすることができる。

解説 無期転換ルール

ア　適　切。所定の要件を満たしている有期契約労働者が期間の定めのない労働契約の締結の申し込み（無期転換申込権の行使）をした場合は、使用者が申し込みを承諾したものとみなされ、無期労働契約が成立する。

イ　不適切。無期転換申込権は、同一の使用者との間で締結された2つ以上の有期労働契約の通算契約期間が5年を超える場合に発生する（労働契約法18条1項）。

ウ　適　切。無期転換ルールにおける通算契約期間は、「同一の使用者」ごとに計算するため、事業場が変わった場合でも、同じ事業主の事業場間の異動であれば、契約期間は通算される。

エ　適　切。無期転換申込権の行使は、労働者の権利であり、申込みをするかどうかは労働者の自由である。無期転換申込権を得た労働者が、その有期労働契約中に無期転換の申し込みをしなかったときは、次の更新以降に無期転換の申し込みをすることができる。

正解　イ

問題 21. DX 推進による労働生産性の向上に関する以下のアからエまでの記述のうち、最も適切ではないものを１つ選びなさい。

ア．従来の企業活動は、増加する労働力人口と長時間労働で生産性の低下を補っていたが、日本の社会は少子高齢化に突入し、生産年齢人口は減少の一途を辿っている。こうした労働力不足や市場競争の激化を背景に、DX による生産性向上は業種・規模に関わらず重要な課題となっている。

イ．DX を推進して得られる最も大きな効果は、デジタル化による業務の生産性および正確性の向上である。デジタル化で業務最適化が進むと、作業時間を短縮することができ、人が介在することで発生するエラーも回避できるため、正確性を向上させることが可能となる。

ウ．データをデジタル化することで、ビッグデータの分析や AI による予測が可能となり、より迅速かつ正確な意思決定を支援することができる反面、デジタルツールやプラットフォームの構築によるコスト増加が課題である。

エ．デジタル技術の活用により、従来のビジネスモデルでは実現不可能だった新たなサービスや商品の開発が可能となり、企業は新たな市場を開拓し、持続可能な成長を実現することができる。

解説 | DX 推進による労働生産性の向上 |

ア　適　切。従来の企業活動は、増加する労働力人口と長時間労働で
　　　　　生産性の低下を補っていたが、日本の社会は少子高齢化
　　　　　に突入し、生産年齢人口は減少の一途を辿っている。こ
　　　　　うした労働力不足や市場競争の激化を背景に、DX によ
　　　　　る生産性向上は業種・規模に関わらず重要な課題となっ
　　　　　ている。

イ　適　切。DX を推進して得られる最も大きな効果は、デジタル化
　　　　　による業務の生産性および正確性の向上である。デジタ
　　　　　ル化で業務最適化が進むと、作業時間を短縮すること が
　　　　　でき、人が介在することで発生するエラーも回避できる
　　　　　ため、正確性を向上させることが可能となる。

ウ　不適切。前半は正しい。デジタルツールやプラットフォームにつ
　　　　　いては、自社で構築するより、社外の既存するものを活
　　　　　用することが多いため、物理的な資源の消費を削減し、
　　　　　運用コストを下げることができる。

エ　適　切。デジタル技術の活用により、従来のビジネスモデルでは
　　　　　実現不可能だった新たなサービスや商品の開発が可能
　　　　　となり、企業は新たな市場を開拓し、持続可能な成長を
　　　　　実現することができる。

正解　ウ

42

問題 22. リスキリング推進の背景に関する次の文章中の（　　）に入る適切な語句の組合せを、以下のアからエまでのうち1つ選びなさい。

> 　リスキリングとは、新しい職業に就くために、あるいは、今の職業で必要とされるスキルの大幅な変化に適応するために、必要なスキルを獲得するまたはさせることである。
> 　2020年に開催された（　a　）では、「リスキリング革命」が主要な議題として上げられ、その内容は、「（　b　）産業革命とそれに伴う技術の進化に対応するため、2030年までに全世界で10億人により良い教育、スキル、仕事を提供する」というものであった。

ア．a．G20サミット　　　b．第5次

イ．a．G20サミット　　　b．第4次

ウ．a．ダボス会議　　　　b．第5次

エ．a．ダボス会議　　　　b．第4次

解説 　リスキリング

　リスキリングとは、新しい職業に就くために、あるいは、今の職業で必要とされるスキルの大幅な変化に適応するために、必要なスキルを獲得するまたはさせることである。
　2020年に開催された（a．ダボス会議）では、「リスキリング革命」が主要な議題として上げられ、その内容は、「（b．第4次）産業革命とそれに伴う技術の進化に対応するため、2030年までに全世界で10億人により良い教育、スキル、仕事を提供する」というものであった。

正解　エ

問題 23. 長時間労働に関する以下のアからエまでの記述のうち、最も適切ではないものを1つ選びなさい。

ア. 日本の労働者1人当たりの年間総実労働時間は、長期的には緩やかに減少しており、2022年は1633時間であったが、一般労働者の総実労働時間は、パートタイム労働者の総実労働時間の2倍以上であった。

イ. 内閣府の「令和6年版男女共同参画白書」によれば、1週間の就業時間が60時間以上である雇用者の割合は、2004年をピークとして減少傾向にあり、2023年は5.0%と前年より0.1ポイント減少した。

ウ. 厚生労働省の「令和5年過労死等防止対策白書」によれば、労働時間が週60時間以上の雇用者の割合は、女性より男性の方が高く、特に「働き盛り世代」の男性の長時間労働の割合が高水準にあった。

エ. 長時間労働は雇用者の心身の健康に悪影響を及ぼし、長時間労働等による過重業務が過労死の主たる要因であると指摘されているが、時間外・休日労働が1か月あたり120時間、2～6か月間で平均80時間という時間を「過労死ライン」と呼ぶ。

解説　　長時間労働

ア　適　切。日本の労働者 1 人当たりの年間総実労働時間は、長期的には緩やかに減少しており、2022 年は 1633 時間であった。一般労働者とパートタイム労働者の別にみると、2022 年の一般労働者の総実労働時間は 1,948 時間となり、パートタイム労働者の総実労働時間は 955 時間となった。

イ　適　切。1 週間の就業時間が 60 時間以上である雇用者の割合は、2004 年をピークとして減少傾向にあり、2023 年は 5.0％と前年より 0.1 ポイント減少した。内閣府「令和 6 年版男女共同参画白書」

ウ　適　切。厚生労働省の「令和 5 年過労死等防止対策白書」によれば、労働時間が週 60 時間以上の雇用者の割合は、全産業平均では男性：8.2％、女性：2.2％であり、男性の方が長時間労働の割合が高い。特に、35〜39 歳男性：9.4％、40〜49 歳男性：10.8％となっており、「働き盛り世代」の男性の長時間労働の割合が高水準にある。

エ　不適切。長時間労働は雇用者の心身の健康に悪影響を及ぼし、長時間労働等による過重業務が過労死の主たる要因であると指摘されているが、時間外・休日労働が 1 か月あたり 100 時間、2〜6 か月間で平均 80 時間という時間を「過労死ライン」と呼ぶ。

正解　エ

問題 24. 次の図は、残業時間の上限規制をイメージしたものである。
（　a　）と（　b　）に入る適切な数値の組合せを、以下
のアからエまでのうち 1 つ選びなさい。

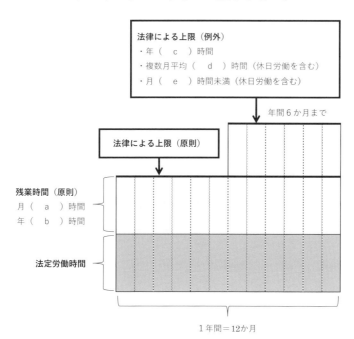

ア．a．45　b．360　　　イ．a．60　b．360

ウ．a．45　b．480　　　エ．a．60　b．480

解説　　残業時間の上限規制

a．45 時間　　　b．360 時間

正解　ア

47

問題 25. 前問の図において、（ c ）から（ e ）に入る適切な
数値の組合せを、以下のアからエまでのうち１つ選びなさい。

ア． c． 600   d． 90   e． 100

イ． c． 600   d． 80   e． 120

ウ． c． 720   d． 90   e． 120

エ． c． 720   d． 80   e． 100

解説   残業時間の上限規制

c. 720時間

d. 80時間

e. 100時間

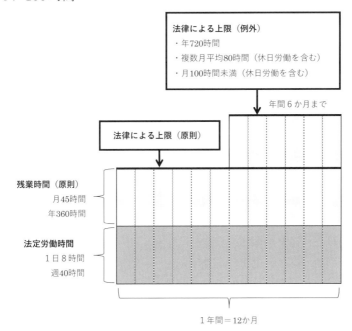

正解　エ

問題 26. 使用者は、事業場に労働者の過半数で組織する労働組合が
ない場合は、労働者の過半数を代表する者（以下過半数代
表者という）との間に 36 協定などの労使協定を締結しな
ければならない。過半数代表者に関する以下のアからエま
での記述のうち、最も適切なものを１つ選びなさい。

ア．過半数代表者を選出するときの当該事業場の労働者数の算
定に当たっては、パート、アルバイト等有期雇用労働者は含
まれるが、休職期間中の労働者は含まれない。

イ．労働基準法 41 条２号に規定する監督又は管理の地位にあ
る者は、過半数代表者になることができる。

ウ．過半数代表者は、当該事業場の労働者により適法に選出さ
れなければならないが、適法な選出といえるためには、当該
事業場の労働者にとって、選出される者が労働者の過半数を
代表して 36 協定を締結することの適否を判断する機会が与
えられ、かつ、当該事業場の過半数の労働者がその候補者を
支持していると認められる民主的な手続きがとられている
ことが必要となる。

エ．過半数代表者の選出は、書面による投票によらなければな
らず、挙手等の方法により選出することはできない。

解説　過半数代表者

ア　不適切。過半数代表者を選出する際の当該事業場の労働者数の算定に当たっては、労働基準法 41 条 2 号の規定に該当する管理監督者、病欠、出張、休職期間中等の者、パート、アルバイト等が含まれる（同法 36 条 1 項、S46.1.18 45 基収 6206 号、S63.3.14 基発 150 号、H11.3.31 基発 168 号）。

イ　不適切。労働基準法 41 条 2 号に規定する監督又は管理の地位にある者は過半数代表者になることはできない（労働基準法 36 条 1 項、則 6 条の 2 第 1 項 1 号）。

ウ　適　切。判例は、過半数代表者は、当該事業場の労働者により適法に選出されなければならないが、適法な選出といえるためには、当該事業場の労働者にとって、選出される者が労働者の過半数を代表して 36 協定を締結することの適否を判断する機会が与えられ、かつ、当該事業場の過半数の労働者がその候補者を支持していると認められる民主的な手続きがとられていることが必要になるとしている（最判 H13.6.22 トーコロ事件、S63.1.1 基発第 1 号参照）。

エ　不適切。過半数代表者の選出は、書面による投票のほかに挙手等の方法による手続により選出することもできる（労働基準法 36 条 1 項、則 6 条の 2 第 1 項 2 号、H11.3.31 基発 169 号）。

正解　ウ

51

問題 27. 労使委員会に関する以下のアからエまでの記述のうち、最も適切ではないものを1つ選びなさい。

ア．労使委員会は、使用者を代表する委員と労働者を代表する委員で構成されるが、人数については特に基準の定めがないことから、労使各1名の計2名からなるものも労使委員会として認められる。

イ．使用者代表委員は、使用者側の指名により選出されるが、労働者代表委員は、事業場の過半数労働組合または過半数労働組合がない事業場においては過半数代表者から、任期を定めて指名を受けなければならない。

ウ．労使委員会の議事について、議事録が作成され、かつ、保存されるとともに、当該事業場の労働者に対する周知が図られていなければならない。

エ．使用者は、労働者が労使委員会の委員であること、もしくは労使委員会の委員になろうとしたこと又は労使委員会の委員として正当な行為をしたことを理由として不利益な取扱いをしてはならない。

解説 　労使委員会

ア　不適切。労使委員会は、使用者を代表する委員と労働者を代表
　　　　　する委員で構成される。人数については、特に基準はな
　　　　　いが、労使各1名の計2名からなるものは労使委員会と
　　　　　して認められない。

イ　適　　切。委員会の委員の半数については、当該事業場に、労働
　　　　　者の過半数で組織する労働組合がある場合においては
　　　　　その労働組合、労働者の過半数で組織する労働組合がな
　　　　　い場合においては労働者の過半数を代表する者に任期
　　　　　を定めて指名されていることが要件となる(労働基準法
　　　　　38条の4第2項1号)。

ウ　適　　切。委員会の議事について、議事録が作成され、かつ、保存
　　　　　されるとともに、当該事業場の労働者に対する周知が図
　　　　　られていなければならない（労働基準法38条の4第2
　　　　　項2号)。

エ　適　　切。使用者は、労働者が労使委員会の委員であること、も
　　　　　しくは労使委員会の委員になろうとしたこと又は労使
　　　　　委員会の委員として正当な行為をしたことを理由とし
　　　　　て不利益な取扱いをしてはならない（労働基準法38条
　　　　　の4第2項、則24条2の4第6項)。

正解　ア

問題 28. 年次有給休暇の取得状況に関する以下のアからエまでの記述のうち、最も<u>適切ではない</u>ものを1つ選びなさい。

ア. 年次有給休暇は、労働者に対し、休日のほかに毎年一定日数の休暇を有給で保障する制度である。

イ. 厚生労働省の「就労条件総合調査の概況」によれば、2022年1年間に企業が付与した年次有給休暇日数（繰越日数を除く）は、労働者1人平均17.6日であり、そのうち労働者が取得した日数は11日未満であった。

ウ. 三菱UFJリサーチ＆コンサルティングの「仕事と生活の調和の実現及び特別な休暇制度の普及促進に関する意識調査報告書」によれば、年次有給休暇を取得する際に4割以上の労働者がためらいを感じると回答しているが、その理由として、「後で多忙になるから」がもっとも割合が高かった。

エ. 厚生労働省の「就労条件総合調査の概況」によれば、2022年の有給休暇取得率は 62.1％にとどまっているが、政府目標は 70％以上である。

解説 　年次有給休暇の取得状況

ア　適　切。「年次有給休暇（有給休暇、年休）」は、労働者に対し、休日のほかに毎年一定日数の休暇を有給で保障する制度である（労働基準法 39 条）。

イ　適　切。2022 年 1 年間に企業が付与した年次有給休暇日数（繰越日数を除く）は、労働者 1 人平均 17.6 日であり、そのうち労働者が取得した日数は 10.9 日で、有給休暇取得率は 62.1％にとどまる（厚労省「令和 5 年就労条件総合調査の概況」）。

ウ　不適切。三菱 UFJ リサーチ＆コンサルティングの「仕事と生活の調和の実現及び特別な休暇制度の普及促進に関する意識調査報告書」によれば、年次有給休暇を取得する際に 4 割近くの労働者がためらいを感じると回答している。その理由をみると、「周囲に迷惑がかかると感じるから」が 51.2％でもっとも割合が高く、次いで「後で多忙になるから」が 36.0％となっている。

エ　適　切。厚生労働省の「就労条件総合調査の概況」によれば、2022 年の有給休暇取得率は 62.1％にとどまっているが、政府目標は 70％以上（2025 年まで）である。

正解　ウ

問題 29. 労働基準法の年次有給休暇の付与日数に関する下記の図の
（　　）に入る適切な日数の組合せを、次の有給休暇取得
の経過説明を参考にして、以下のアからエまでのうち1つ
選びなさい。

・令和2年4月1日に入社し、同年9月30日までの出勤率が8割以上である。
・令和2年10月1日から令和3年9月30日までの間は私病の為、出勤率が
　8割未満である。
・令和3年10月1日から令和4年9月30日までの出勤率が8割以上である。
・令和4年10月1日から令和5年9月30日までの出勤率が8割以上である。

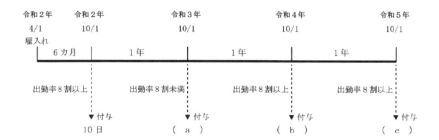

ア． a．10日　　　b．12日　　　c．14日

イ． a．0日　　　b．12日　　　c．13日

ウ． a．0日　　　b．12日　　　c．14日

エ． a．0日　　　b．11日　　　c．12日

解説　　 年次有給休暇の付与日数

　使用者は、年次有給休暇は雇入れの日から起算して、6か月間継続勤務し、その6か月間の全労働日の8割以上出勤した労働者に対して、継続または分割した10日の有給休暇を与えなければならない（労働基準法39条1項）。

　使用者は、1年6箇月以上継続勤務した労働者に対しては、雇入れの日から起算して6箇月を超えて継続勤務する日から起算した継続勤務年数1年ごとに、10 労働日に、次の表の左欄に掲げる6箇月経過日から起算した継続勤務年数の区分に応じ同表の右欄に掲げる労働日を加算した有給休暇を与えなければならない。ただし、継続勤務した期間を6箇月経過日から1年ごとに区分した各期間(最後に1年未満の期間を生じたときは、当該期間)の初日の前日の属する期間において出勤した日数が全労働日の8割未満である者に対しては、当該初日以後の1年間においては有給休暇を与えることを要しない（労働基準法39条2項）。

六箇月経過日から起算した継続勤務年数	労働日
一年	一労働日
二年	二労働日
三年	四労働日
四年	六労働日
五年	八労働日
六年以上	十労働日

正解　ウ

57

問題30. 年次有給休暇の時季指定義務に関する次の文章中の（　　）に入る適切な語句の組合せを、以下のアからエまでのうち1つ選びなさい。

　全ての企業においては、年（　a　）以上の年次有給休暇が付与される労働者に対して、年次有給休暇の日数のうち年（　b　）については、使用者が時季を指定して取得させることが義務付けられている。

【時季指定義務のポイント】

① 対象者は、年次有給休暇が（a）以上付与される労働者（管理監督者を含む）に限る。

② 労働者ごとに、年次有給休暇を付与した日（基準日）から1年以内に（b）について、使用者が取得時季を指定して与える必要がある。

③ 年次有給休暇を（b）以上取得済みの労働者に対しては、使用者による時季指定は不要である。

④ 年次有給休暇の時季指定義務に違反した使用者に対して、労働基準法の（　c　）。

ア．a．10日　　　b．5日　　　c．罰則の適用がある

イ．a．10日　　　b．5日　　　c．罰則の適用はない

ウ．a．20日　　　b．10日　　　c．罰則の適用がある

エ．a．20日　　　b．10日　　　c．罰則の適用はない

解説　年次有給休暇の時季指定義務

　全ての企業においては、年（a．10日）以上の年次有給休暇が付与される労働者に対して、年次有給休暇の日数のうち年（b．5日）については、使用者が時季を指定して取得させることが義務付けられている。

【時季指定義務のポイント】

① 対象者は、年次有給休暇が 10 日以上付与される労働者（管理監督者を含む）に限る。

② 労働者ごとに、年次有給休暇を付与した日（基準日）から 1 年以内に 5 日について、使用者が取得時季を指定して与える必要がある。

③ 年次有給休暇を 5 日以上取得済みの労働者に対しては、使用者による時季指定は不要である。

④ 年次有給休暇の時季指定義務に違反した使用者に対して、労働基準法の（c．罰則の適用がある）。

正解　ア

59

問題 31.「勤務間インターバル制度」に関する次の文章中の（　　）
　　　　に入る適切な語句の組合せを、以下のアからエまでのうち
　　　　1つ選びなさい。

　「勤務間インターバル制度」とは、終業時刻から次の始業時刻
の間に一定時間以上の休息時間（インターバル時間）を確保する
仕組みである。
　2018年に成立した「働き方改革関連法」に基づき、「（　a　）」
が改正され、前日の終業時刻から翌日の始業時刻の間に一定時
間の休息を確保することが事業主の努力義務として規定された。
　現在厚生労働省では、過重労働の防止及び長時間労働の抑制
を目的として、勤務間インターバルを導入した中小企業に助成
金を交付しているが、支給対象となる企業の取組の1つとし
て、勤務間の休息時間数を少なくとも（　b　）になるよう設
定しなければならない。

ア．a．労働時間等設定改善法　　　b．9時間

イ．a．労働時間等設定改善法　　　b．11時間

ウ．a．労働基準法　　　　　　　　b．9時間

エ．a．労働基準法　　　　　　　　b．11時間

解説　勤務間インターバル

　「勤務間インターバル制度」とは、終業時刻から次の始業時刻の間に一定時間以上の休息時間（インターバル時間）を確保する仕組みである。

　2018年6月29日に成立した「働き方改革関連法」に基づき、「（**a．労働時間等設定改善法**）」が改正され、前日の終業時刻から翌日の始業時刻の間に一定時間の休息を確保することが事業主の努力義務として規定された（労働時間等の設定の改善に関する特別措置法2条）。

　現在厚生労働省では、過重労働の防止及び長時間労働の抑制を目的として、勤務間インターバルを導入した中小企業に助成金を交付しているが、支給対象となる取組の1つとして、勤務間の休息時間数を少なくとも（**b．9時間**）になるよう設定しなければならない（厚生労働省『時間外労働等改善助成金（勤務間インターバル導入コース）』）。

正解　ア

61

問題33. テレワークの導入状況に関する文章中の（　　）に入る適切な語句の組合せを、以下のアからエまでのうち1つ選びなさい。

　総務省の「令和5年通信利用動向調査」の結果によれば、日本においてテレワークを導入している企業の割合は（　a　）で、前回の調査から減少している。

　導入しているテレワークの形態は（　b　）が最も多く、産業別にみると、「情報通信業」の大半が導入しているほか、「金融・保険業」の割合が高い。

　なお、テレワークを導入していない企業が導入しない理由は、「（　c　）」の割合が78.6%と最も高くなっている。

ア．a．約5割　　　b．在宅勤務
　　c．テレワークに適した仕事がないから

イ．a．約5割　　　b．モバイルワーク
　　c．顧客等外部対応に支障があるから

ウ．a．約7割　　　b．モバイルワーク
　　c．テレワークに適した仕事がないから

エ．a．約7割　　　b．在宅勤務
　　c．社内のコミュニケーションに支障があるから

解説　　テレワークの導入状況

　テレワークを導入している企業の割合は 49.9%となっており、前回調査から 1.8 ポイント減少している。「導入していないが、今後導入予定がある」と回答した企業は3.0%となり、引き続き減少傾向にある。

　導入しているテレワークの形態は、「在宅勤務」の割合が90.0%と最も高くなっている。産業別にみると、「情報通信業」の大半（93.4%）が導入しているほか、「金融・保険業」（81.3%）の割合が高い。

　なお、テレワークを導入していない企業が導入しない理由は、「テレワークに適した仕事がないから」の割合が 78.6%と最も高くなっている。

　テレワークを導入していない企業が導入しない理由は、割合が高い順に下記の通りである。

テレワークに適した仕事がないから	78.6%
業務の進行が難しいから	35.2%
社内のコミュニケーションに支障があるから	15.3%
情報漏えいが心配だから	14.2%
顧客等外部対応に支障があるから	13.8%
文書の電子化が進んでいないから	13.2%

正解　ア

問題 33. 雇用型テレワークにおける労働基準法の適用に関する以下のアからエまでの記述のうち、最も<u>適切ではない</u>ものを1つ選びなさい。

ア．労働契約を締結する者に対し在宅勤務を行わせることとする場合においては、労働契約の締結に際し、就業の場所として、労働者の自宅であることを書面（労働条件通知書等）で明示しなければならない。

イ．テレワークでも変形労働時間制やフレックスタイム制を活用することはできるが、事業場外みなし労働時間制は利用することができない。

ウ．テレワークを行う労働者について、通常の労働者と異なる賃金制度等を定める場合には、当該事項について就業規則を作成・変更し、届け出なければならない。

エ．テレワークを行う労働者に情報通信機器等、作業用品その他の負担をさせる定めをする場合には、当該事項について就業規則に規定しなければならない。

解説　テレワーク

ア　適　切。労働契約を締結する者に対し在宅勤務を行わせること
　　　　　　とする場合においては、労働契約の締結に際し、就業の
　　　　　　場所として、労働者の自宅であることを書面（労働条件
　　　　　　通知書等）で明示しなければならない（労働基準法 15
　　　　　　条、規則 5 条 1 項 1 号の 3）。

イ　不適切。テレワークでも通常の労働時間制（1 日 8 時間、週 40
　　　　　　時間）が適用される（同法 32 条）。ただし、変形労働時
　　　　　　間制やフレックスタイム制（同法 32 条の 2〜4）、裁量
　　　　　　労働制（同法 38 条の 3,4）を活用することができる。ま
　　　　　　た、事業場外みなし労働時間制（同法 38 条の 2）も利
　　　　　　用できる。

ウ　適　切。テレワークを行う労働者について、通常の労働者と異
　　　　　　なる賃金制度等を定める場合には、当該事項について就
　　　　　　業規則を作成・変更し、届け出なければならない（労働
　　　　　　基準法 89 条 2 号）。

エ　適　切。テレワークを行う労働者に情報通信機器等、作業用品そ
　　　　　　の他の負担をさせる定めをする場合には、当該事項につ
　　　　　　いて就業規則に規定しなければならない（労働基準法 89
　　　　　　条 5 号）。

正解　イ

問題 34. 短時間正社員に関する以下のアからエまでの記述のうち、最も<u>適切ではない</u>ものを1つ選びなさい。

ア. 短時間正社員制度は、育児・介護等と仕事を両立したい社員、定年後も働き続けたい高齢者等、様々な人材に、勤務時間や勤務日数をフルタイムの正規型の労働者よりも短くしながら活躍してもらうための仕組みである。

イ. 短時間正社員の1週間あたりの所定労働時間は、フルタイムの正規型の労働者と比して短い。

ウ. 短時間正社員は、会社と期間の定めのある労働契約を締結している。

エ. 短時間正社員の時間当たりの基本給及び賞与・退職金等の算定方法等は同種のフルタイムの正規型の労働者と同等である。

解説　　短時間正社員

　　短時間正社員制度は、育児・介護等と仕事を両立したい社員、定年後も働き続けたい高齢者等、様々な人材に、勤務時間や勤務日数をフルタイムの正規型の労働者よりも短くしながら活躍してもらうための仕組みである。

　　また、短時間正社員とは、フルタイムの正規型の労働者と比較して、1週間の所定労働時間が短い正規型の労働者であって、次のいずれにも該当する者をいう（H21.6.30 保保発0630001号）。

① 無期労働契約を締結している。

② 時間当たりの基本給及び賞与・退職金等の算定方法等が同種のフルタイムの正規型の労働者と同等である。

正解　　ウ

問題35. 副業・兼業に関する以下のアからエまでの記述のうち、最も適切ではないものを1つ選びなさい。

ア.「働き方改革実行計画」では、副業や兼業を、柔軟な働き方に位置づけて、「新たな技術の開発、オープンイノベーションや起業の手段、そして第2の人生の準備として有効である」とし、その普及を図っていくことが重要であるとした。

イ. 副業・兼業における時間外労働については、原則として労働時間が長い労働契約を締結した使用者が、時間外労働に関する義務（36協定の締結、割増賃金支払）を負う。

ウ. 厚生労働省の「副業・兼業の促進に関するガイドライン」では、労働者が労働時間以外の時間をどのように利用するかは、基本的には労働者の自由であり、原則、副業・兼業を認める方向とすることが適当であるとしている。

エ. リクルートの「兼業・副業に関する動向調査データ集2022」によれば、過半数の企業が従業員の兼業・副業を認めている。

解説　　副業・兼業

ア　適　切。「働き方改革実行計画」では、副業や兼業を、柔軟な働き方に位置づけて、「新たな技術の開発、オープンイノベーションや起業の手段、そして第2の人生の準備として有効である」とし、その普及を図っていくことが重要であるとした。

イ　不適切。副業・兼業における時間外労働については、原則として時間的に後から労働契約を締結した使用者が、時間外労働に関する義務（36 協定の締結、割増賃金支払）を負う。

ウ　適　切。記述の通り。厚生労働省は副業・兼業に関わる現行の法令や解釈をまとめた「副業・兼業の促進に関するガイドライン」を 2018 年に公表した。

エ　適　切。リクルートの「兼業・副業に関する動向調査データ集 2022」によれば、従業員の兼業・副業を認める人事制度がある企業の割合は、51.8%であった。

正解　イ

問題36. 2023年5月12日に公布された「フリーランス・事業者間取引適正化等法」に関する以下のアからエまでの記述のうち、発注事業者に義務付けられることとして最も<u>適切ではない</u>ものを1つ選びなさい（発注事業者が満たす要件に応じてフリーランスに対しての義務の内容は異なる）。

ア．フリーランスに業務委託を行う際には、書面等による「委託する業務の内容」「報酬の額」「支払期日」等の取引条件を明示しなければならない。

イ．継続的業務委託については、フリーランスが育児や介護などと業務を両立できるよう、フリーランスの申出に応じて必要な配慮をしなければならない。

ウ．発注した物品等を受け取った日から数えて 60 日以内の報酬支払期日を設定し、期日内に報酬を支払わなければならない。

エ．フリーランスに責任があるか否かにかかわらず、「発注した物品等を受け取らないこと」「発注時に決めた報酬額を後で減額すること」「発注した物品等を受け取った後に返品すること」をしてはならない。

解説　フリーランス・事業者間取引適正化等法

　「特定受託事業者に係る取引の適正化等に関する法律」（フリーランス・事業者間取引適正化等法）は、個人として業務委託を受けるフリーランス（事業者）と企業などの発注事業者の間の取引の適正化、フリーランスの就業環境の整備を図ることを目的とし、
（1）取引の適正化を図るため、発注事業者に対し、フリーランスに業務委託した際の取引条件の明示等を義務付け、報酬の減額や受領拒否などを禁止するとともに、
（2）就業環境の整備を図るため、発注事業者に対し、フリーランスの育児介護等に対する配慮やハラスメント行為に係る相談体制の整備等を義務付けている。
　同法は、2024年秋頃までに施行が予定されており、今後、政省令やガイドラインにおいて具体的な内容が公表されることになっている。

ア　適　切。フリーランスに業務委託を行う際には、書面等による「委託する業務の内容」「報酬の額」「支払期日」等の取引条件を明示しなければならない。

イ　適　切。継続的業務委託については、フリーランスが育児や介護などと業務を両立できるよう、フリーランスの申出に応じて必要な配慮をしなければならない。

ウ　適　切。発注した物品等を受け取った日から数えて60日以内の報酬支払期日を設定し、期日内に報酬を支払わなければならない。

エ　不適切。フリーランスに責任がないにもかかわらず、「発注した物品等を受け取らないこと」「発注時に決めた報酬額を後で減額すること」「発注した物品等を受け取った後に返品すること」をしてはならない。

正解　エ

問題 37. 事業場外みなし労働時間制に関する以下のアからエまでの記述のうち、最も適切ではないものを1つ選びなさい。

ア. 「事業場外みなし労働時間制」とは、労働者が事業場外（会社外や出張など）で労働し、その労働時間の算定が困難な場合に、使用者の労働時間に係る算定義務を免除し、一定の時間労働したものとみなす制度である。

イ. 複数の労働者が事業場外で労働を行う際、その中に労働時間を管理する者（上司等）がいて、その者の具体的指示を受けて業務を行い、帰社する場合は、事業場外みなし労働時間制が適用される。

ウ. 労使協定で定める事業場外のみなし時間が法定労働時間を超える場合は、労使協定を所定の様式により所轄労働基準監督署長に届け出る必要がある。

エ. 事業場外労働のみなし労働時間制により算定されるみなし労働時間と事業場内の業務に従事した時間の合計が1日8時間を超えるなど法定労働時間を超える場合には、法定労働時間を超えた時間は時間外労働となる。

解説 　 みなし労働時間制

ア　適　切。「事業場外みなし労働時間制」とは、労働者が事業場外
　　　　　　（会社外や出張など）で労働し、その労働時間の算定が
　　　　　　困難な場合に、使用者の労働時間に係る算定義務を免除
　　　　　　し、一定の時間労働したものとみなす制度である（労働
　　　　　　基準法 38 条の 2）。

イ　不適切。在宅テレワークであっても、情報通信機器が使用者の
　　　　　　指示により常時通信可能な状態に置かれておらず、業務
　　　　　　についても、随時使用者の具体的な指示に基づいて行わ
　　　　　　れていなければ、事業場外みなし労働時間制が適用され
　　　　　　る（労働基準法 38 条の 2、H20.7.28 基発 0728002）。

ウ　適　切。労使協定で定める事業場外のみなし時間が法定労働時
　　　　　　間を超える場合は、労使協定を所定の様式により所轄労
　　　　　　働基準監督署長に届け出る必要がある（労働基準法 38
　　　　　　条の 2）。

エ　適　切。事業場外労働のみなし労働時間制により算定されるみ
　　　　　　なし労働時間と事業場内の業務に従事した時間の合計
　　　　　　が 1 日 8 時間を超えるなど法定労働時間を超える場合
　　　　　　には、法定労働時間を超えた時間は時間外労働となる
　　　　　　（厚生労働省『「事業場外労働のみなし労働時間制」の
　　　　　　適切な運用のために』）。

正解　イ

問題38. 次の文章は、フレックスタイム制の労使協定の例である。内容が<u>適切ではない</u>条文番号を、以下のアからエまでのうち１つ選びなさい。

○○株式会社と○○労働組合とは、労働基準法第32条の３の規定にもとづき、フレックスタイム制について、次のとおり協定する。

（フレックスタイム制の適用社員）
第１条　営業部及び開発部に所属する従業員にフレックスタイム制を適用する。

（清算期間）
第２条　労働時間の清算期間は、４月１日から９月末日まで、10月１日から翌年３月末日までの６箇月間とする。

（総労働時間）
第３条　清算期間における総労働時間は、１日７時間に清算期間中の所定労働日数を乗じて得られた時間数とする。

（１日の標準労働時間）
第４条　１日の標準労働時間は、７時間とする。

（コアタイム）
第５条　必ず労働しなければならない時間帯は、午前10時から午後３時までとする。

（フレキシブルタイム）
第６条　適用社員の選択により労働することができる時間帯は、次のとおりとする。
　　　　　始業時間帯＝午前６時から午前10時までの間
　　　　　終業時間帯＝午後３時から午後７時までの間

（超過時間の取扱い）
第７条　清算期間中の実労働時間が総労働時間を超過したときは、会社は、超過した時間に対して時間外割増賃金を支給する。

```
（不足時間の取扱い）
第8条  清算期間中の実労働時間が総労働時間に不足したとき
      は、不足時間を次の清算期間にその法定労働時間の範囲内
      で繰り越すものとする。
…  以降略  …
```

　ア．第2条　　イ．第3条　　ウ．第5条　　エ．第6条

解説　　フレックスタイム制

　フレックスタイム制の清算期間は、最長「3か月間」のため、第2条が適切ではない。

正解　ア

問題 39. 高度プロフェッショナル制度に関する次の文章中の（　　）
　　　　に入る適切な語句の組合せを、以下のアからエまでのうち
　　　　１つ選びなさい。

　　高度プロフェッショナル制度とは、高度の専門的知識等を必
　要とし、その性質上従事した時間と従事して得た成果との関連
　性が（　a　）と認められる対象業務に就く労働者を対象とし
　て、労使委員会の（　b　）以上の多数による決議及び労働者
　本人の同意を前提として、年間 104 日以上の休日確保措置や健
　康管理時間の状況に応じた健康・福祉確保措置等を講ずること
　により、労働基準法に定められた労働時間、休憩、休日及び
　（　c　）に関する規定を適用しない制度である。

ア．a．高くない　　　b．５分の４　　　c．深夜の割増賃金

イ．a．高くない　　　b．３分の２　　　c．年次有給休暇

ウ．a．高い　　　　　b．５分の４　　　c．年次有給休暇

エ．a．高い　　　　　b．３分の２　　　c．深夜の割増賃金

解説　高度プロフェッショナル制度

　高度プロフェッショナル制度とは、高度の専門的知識等を必要とし、その性質上従事した時間と従事して得た成果との関連性が（a.**高くない**）と認められる対象業務に就く労働者を対象として、労使委員会の（b.**5分の4**）以上の多数による決議及び労働者本人の同意を前提として、年間 104 日以上の休日確保措置や健康管理時間の状況に応じた健康・福祉確保措置等を講ずることにより、労働基準法に定められた労働時間、休憩、休日及び（c.**深夜の割増賃金**）に関する規定を適用しない制度である。

正解　ア

問題 40. 子育てと仕事の両立の現状に関する以下のアからエまでの
記述のうち、最も<u>適切ではない</u>ものを1つ選びなさい。

ア．妊娠・出産、育児と仕事の両立は大きな問題である。少子
高齢化が進み労働力人口の減少が予測される中、育児と仕事
を両立できる雇用環境の整備や結婚等で退職した女性が再
就職できる支援体制の整備等により、女性が活躍しやすい全
員参加型社会を構築していくことが必要である。

イ．全世帯の約3分の2が共働き世帯となる中で、未婚女性が
考える「理想のライフコース」は、出産後も仕事を続ける「両
立コース」が 「再就職コース」を上回って最多となってい
るが、実際には女性の正規雇用における「L字カーブ」の存
在など、理想とする両立コースを阻む障壁が存在している。

ウ．厚生労働省の「令和4年度雇用均等基本調査」によれば、
2022年の育児休業取得率は、女性が80.2%に対し、男性は
17.13%となっており、育児休業の取得は圧倒的に女性が多
い状況にある。

エ．正社員の男性について、育児休業制度を利用しなかった理
由を尋ねた調査では、「育児休業制度を取得しづらい職場の
雰囲気、育児休業取得への職場の無理解」が最も多く、「収
入を減らしたくなかった」が続いた。

解説 子育てと仕事の両立の現状

ア　適　切。妊娠・出産、育児と仕事の両立は大きな問題である。少子高齢化が進み労働力人口の減少が予測される中、育児と仕事を両立できる雇用環境の整備や結婚等で退職した女性が再就職できる支援体制の整備等により、女性が活躍しやすい全員参加型社会を構築していくことが必要である。

イ　適　切。全世帯の約3分の2が共働き世帯となる中で、未婚女性が考える「理想のライフコース」は、出産後も仕事を続ける「両立コース」が「再就職コース」を上回って最多となっているが、実際には女性の正規雇用における「L字カーブ」の存在など、理想とする両立コースを阻む障壁が存在している。

ウ　適　切。厚生労働省の「令和4年度雇用均等基本調査」によれば、2022年の育児休業取得率は、女性が80.2%に対し、男性は17.13%となっており、育児休業の取得は圧倒的に女性が多い状況にある。

エ　不適切。正社員の男性について、育児休業制度を利用しなかった理由を尋ねた調査では、「収入を減らしたくなかった（39.9%）」が最も多かったが、「育児休業制度を取得しづらい職場の雰囲気、育児休業取得への職場の無理解（22.5%）」、「自分にしかできない仕事や担当している仕事があった（22.0%）」なども多く、制度はあっても利用しづらい職場環境が存在している（厚生労働省「こども未来戦略方針」）。

正解　エ

問題 41. 育児を行う労働者の支援措置に関する以下のアからエまでの記述のうち、最も適切ではないものを1つ選びなさい。

ア．労働者は、その養育する子について、1歳6か月以後も保育園に入れないなど、更に休業が必要な場合は、子が2歳になるまで育児休業を取得することができる。

イ．小学校就学の始期に達するまでの子を養育する労働者は、1つの年度において、1人の子供につき、5労働日（2人以上の場合は10労働日）を限度とし、子の世話を行うための看護休暇を取得することができる。

ウ．一定の要件を満たした労働者が育児休業を取得した場合、雇用保険から休業開始時賃金月額の67%（休業から6か月経過後は50%）相当額の育児休業給付が支給される。

エ．パパ・ママ育休プラスは、父母の労働者がともに育児休業を取得する場合、一定の要件を満たせば、育児休業の対象となる子の年齢が原則1歳に満たない子から原則2歳に満たない子に延長される制度である。

解説　　 育児を行う労働者の支援措置

ア　適　切。労働者は、その養育する1歳6か月から2歳に達する
　　　　　　までの子について、所定の要件を満たせば、その事業主
　　　　　　に申し出ることにより、育児休業をすることができる。」
　　　　　　（育児・介護休業法5条4項）。

イ　適　切。小学校就学の始期に達するまでの子を養育する労働者
　　　　　　は、1つの年度において、1人の子供につき、5労働日
　　　　　　（2人以上の場合は10労働日）を限度とし、子の世話
　　　　　　を行うための看護休暇を取得することができる。

ウ　適　切。一定の要件を満たした労働者が育児休業を取得した場
　　　　　　合、雇用保険から休業開始時賃金月額の67%（休業か
　　　　　　ら6か月経過後は50%）相当額の育児休業給付が支給
　　　　　　される（雇用保険法61条の4）。

エ　不適切。パパ・ママ育休プラスは、父母の労働者がともに育児休
　　　　　　業を取得する場合、一定の要件をみたすことにより、育
　　　　　　児休業の対象となる子の年齢が原則1歳に満たない子
　　　　　　から原則1歳2か月に満たない子に延長される制度で
　　　　　　ある（育児介護休業法9条の2第1項）。

正解　エ

問題 42. 産後パパ育休（出生時育児休業）に関する次の文章中の（　　）に入る適切な語句の組合せを、以下のアからエまでのうち1つ選びなさい。

　産後パパ育休とは、男性労働者が子どもの出生後8週間以内に（　a　）までの休業を取得できる制度である。

　「出生時育児休業（産後パパ育休）」が既存の育休制度と比較して"柔軟である"とされるポイントは以下の通りである。

① 原則として休業（　b　）前までの申し出で休暇取得が可能
② （a）のうちに2分割取得が可能
③ 労使協定を締結している場合に限り、労働者と事業主で事前に調整して合意した範囲内で就業可能

ア．a．4週間　　　b．2週間

イ．a．4週間　　　b．1か月

ウ．a．6週間　　　b．2週間

エ．a．6週間　　　b．1か月

解説　産後パパ育休

産後パパ育休（出生時育児休業）とは、男性労働者が子どもの出生後8週間以内に（a．4週間）までの休業を取得できる制度である。
　「出生時育児休業（産後パパ育休)」が既存の育休制度と比較して"柔軟である"とされるポイントは以下の通りである。
① 原則として休業（b．2週間）前までの申し出で休暇取得が可能
② 4週間のうちに2分割取得が可能
③ 労使協定を締結している場合に限り、労働者と事業主で事前に調整して合意した範囲内で就業可能

正解　ア

問題 43. 女性が活躍しやすい環境整備に関する次の文章中の（　　）に入る適切な語句の組合せを、以下のアからエまでのうち1つ選びなさい。

　　右図の（　a　）マークは、（　b　）に基づき、一般事業主行動計画を策定した企業のうち、計画に定めた目標を達成し、一定の基準を満たした企業が、申請を行うことによって「（　c　）」として、厚生労働大臣の認定を受けることができ、（a）マークを商品、広告、求人広告などにつけ、（c）であることをPRできる。

ア．a．くるみん　　　　b．次世代育成支援対策推進法
　　c．子育てサポート企業

イ．a．くるみん　　　　b．女性活躍推進法
　　c．女性活躍推進企業

ウ．a．えるぼし　　　　b．女性活躍推進法
　　c．子育てサポート企業

エ．a．えるぼし　　　　b．次世代育成支援対策推進法
　　c．女性活躍推進企業

解説　　　女性が活躍しやすい環境整備

　（a．くるみん）マークとは、（b．次世代育成支援対策推進法）に基づき、一般事業主行動計画を策定した企業のうち、計画に定めた目標を達成し、一定の基準を満たした企業は、申請を行うことによって「（c．子育てサポート企業）」として、厚生労働大臣の認定を受けることができ、くるみんマークを商品、広告、求人広告などにつけ、子育てサポート企業であることをPRできる。

正解　ア

問題 44. 介護と仕事の両立の現状に関する以下のアからエまでの記述のうち、最も適切ではないものを1つ選びなさい。

ア. 高齢者人口の増加とともに、要支援・要介護認定者数は増加しているが、介護者は、とりわけ働き盛り世代で、企業の中核を担う労働者であることが多く、企業において管理職として活躍する者や職責の重い仕事に従事する者も少なくない。

イ. 総務省の「令和4年就業構造基本調査」によれば、2022年に介護をしている者に占める有業者の割合についてみると、58.0%であった。

ウ. 厚生労働省の「令和4年度雇用均等基本調査」によれば、2021年4月1日から2022年3月31日までの間に介護休業を取得した者がいた事業所の割合は30%でしかなかった。

エ. 晩婚化・晩産化等を背景に、育児期にある者が、親の介護も同時に担う、いわゆる「ダブルケア」問題が指摘されているが、ダブルケアを行う者は、30代〜40代が多く、男女ともに全体の約8割がこの年代である。

解説　　介護と仕事の両立

ア　適　切。高齢者人口の増加とともに、要支援・要介護認定者数は
　　　　　増加しているが、介護者は、とりわけ働き盛り世代で、
　　　　　企業の中核を担う労働者であることが多く、企業におい
　　　　　て管理職として活躍する者や職責の重い仕事に従事す
　　　　　る者も少なくない。

イ　適　切。総務省の「令和4年就業構造基本調査」によれば、2022
　　　　　年に介護をしている者に占める有業者の割合について
　　　　　みると、58.0%であった。

ウ　不適切。厚生労働省の「令和4年度雇用均等基本調査」によれ
　　　　　ば、2021年4月1日から2022年3月31日までの間に
　　　　　介護休業を取得した者がいた事業所の割合は1.4%でし
　　　　　かなかった。

エ　適　切。晩婚化・晩産化等を背景に、育児期にある者が、親の介
　　　　　護も同時に担う、いわゆる「ダブルケア」問題が指摘さ
　　　　　れているが、ダブルケアを行う者は、30代〜40代が多
　　　　　く、男女ともに全体の約8割がこの年代である。

正解　ウ

問題 45. 介護休業における介護を行う労働者への支援措置に関する以下のアからエまでの記述のうち、最も<u>適切ではない</u>ものを1つ選びなさい。

ア.「要介護状態」とは、負傷、疾病又は身体上若しくは精神上の障害により、2週間以上の期間にわたり常時介護を必要とする状態をいう。

イ. 介護休業に際しては、労働者は、当該対象家族が要介護状態にあることを明らかにし、休業開始予定日及び終了予定日を明らかにして、事業者に対し申出を行わなければならない。

ウ. 労働者は、要介護状態にある対象家族を介護する場合において、要介護者1人につき、通算93日を限度として、3回まで介護のための休業をすることができる。

エ. 介護休業の要件としての「対象家族」には、配偶者が含まれるが、ここでいう配偶者とは、実際に婚姻の届出をしている者をいい、婚姻の届出をしていないが、事実上婚姻関係と同様の事情にある者（例えば内縁の者など）は含まれない。

解説　介護を行う労働者への支援措置

ア　適　切。介護休業の要件としての「要介護状態」とは、負傷、疾病または身体上もしくは精神上の障害により、2週間以上の期間にわたり常時介護を要する状態をいう（育児介護休業法2条3号、則2条）。

イ　適　切。介護休業に際しては、労働者は、当該対象家族が要介護状態にあることを明らかにし、休業開始予定日及び終了予定日を明らかにして、事業者に対し申出を行うことを要する（育児介護休業法11条3項）。

ウ　適　切。労働者は、対象家族1人につき、通算93日まで、3回を上限として、介護休業を分割して取得することができる（育児介護休業法11条2項）。

エ　不適切。介護休業の要件としての「対象家族」は、配偶者（婚姻の届出をしていないが、事実上婚姻関係と同様の事情にある者を含む）、父母、子、祖父母、兄弟姉妹、孫、配偶者の父母である（育児介護休業法2条4号、則3条）。

正解　エ

問題 46. 障害者の雇用促進に関する以下のアからエまでの記述のうち、最も適切ではないものを1つ選びなさい。

ア. 2023年6月1日現在の障害者雇用状況は、雇用障害者数が20年連続で過去最高を更新し、法定雇用率を達成した企業の割合は、70%を超えた。

イ. 常用労働者43.5人以上の事業主は、毎年6月1日現在の障害者の雇用に関する状況（障害者雇用状況報告）をハローワークに報告しなければならない。

ウ. 「障害者雇用納付金制度」とは、法定雇用率未達成企業（常用雇用労働者100人超）から納付金を徴収する一方、障害者を多く雇用している事業主に対しては、調整金、報奨金や各種の助成金を支給する制度である。

エ. 企業が雇うべき障害者の割合（障害者雇用率）は、障害者雇用促進法に基づいて決められ、少なくとも5年に1度見直されており、2.3%に据え置かれていたが、2024年度から段階的に引き上げ、2026年度からは2.7%とする、としている。

解説　　障害者の雇用促進

ア　不適切。2023 年 6 月 1 日現在の障害者雇用状況は、雇用障害者
　　　　　　数が 20 年連続で過去最高を更新したが、法定雇用率を
　　　　　　達成した企業の割合は、50.1%となった。

イ　適　切。記述の通り。常時雇用労働者が 43.5 人以上の事業主
　　　　　　は、毎年 6 月 1 日現在の障害者の雇用に関する状況（障
　　　　　　害者雇用状況報告）をハローワークに報告する義務があ
　　　　　　る（障害者雇用促進法 43 条第 7 項）。「障害者雇用状況
　　　　　　報告書」の常時雇用労働者とは、週の所定労働時間が 20
　　　　　　時間以上あり、以下のいずれかに該当する従業員が対象
　　　　　　となる。　①雇用期間の定めがない者、②1 年を超えて
　　　　　　雇用されている者（雇用が見込まれる者含む）、③日々
　　　　　　雇用される従業員で、雇用契約が日々更新されて過去 1
　　　　　　年を超えて雇用されている者（1 年を超えて雇用が見込
　　　　　　まれる者含む）。

ウ　適　切。障害者を雇用するには、作業施設や設備の改善、職場環
　　　　　　境の整備、特別の雇用管理等が必要になり、健常者の雇
　　　　　　用に比べて一定の経済的負担を伴うことから、障害者を
　　　　　　多く雇用している事業主の経済的負担を軽減し、事業主
　　　　　　間の負担の公平を図りつつ、障害者雇用の水準を高める
　　　　　　ことを目的として、「障害者雇用納付金制度」が設けら
　　　　　　れている。

エ　適　切。障害者雇用率については、障害者雇用促進法に基づき、
　　　　　　労働者（失業者を含む）に対する対象障害者である労働
　　　　　　者（失業者を含む）の割合を基準とし、少なくとも 5 年
　　　　　　毎に、その割合の推移を勘案して設定することとされて
　　　　　　おり、2024 年度から段階的に引き上げ、2026 年度から
　　　　　　は 2.7%とする、としている。

正解　ア

問題47. 仕事と介護の両立に関する次の説明文と<u>合致する</u>認定マークを、以下のアからエまでのうち１つ選びなさい。

　企業が介護離職を未然に防止するために厚生労働省が作成した、仕事と介護を両立できる職場環境の整備促進に取り組むことを示すシンボルマークである。企業が「両立支援のひろば」に仕事と介護の両立に関する取組を登録し、使用規程に沿うことで活用できる。

解説　　仕事と介護の両立

ア　合致する。肢アは「トモニン」のシンボルマークである。トモニンとは、「仕事と介護を両立できる職場環境」の整備促進のためのシンボルマークの愛称である。HP「両立支援のひろば」に仕事と介護の両立に関する取組を登録し、使用規程に沿って使用できる（厚生労働省 HP「「トモニン」を活用して、仕事と介護の両立支援の取組をアピールしましょう！」）。

イ　合致しない。肢イは「くるみん」の認定マークである。次世代育成支援対策推進法に基づき、一般事業主行動計画を策定した企業のうち、計画に定めた目標を達成し、一定の基準を満たした企業は、申請を行うことによって「子育てサポート企業」として、厚生労働大臣の認定を受けることができ、認定マークを商品、広告、求人広告などにつけ、子育てサポート企業であることを PR できる。

ウ　合致しない。肢ウは「ユースエール」認定マークである。ユースエール認定制度とは、若者の採用・育成に積極的で、若者の雇用管理の状況などが優良な中小企業（常時雇用する労働者が 300 人以下）を若者雇用促進法に基づき厚生労働大臣が認定する。認定企業となるメリットとして、ハローワーク等で重点的 PR の実施や認定企業限定の就職面接会等への参加、自社の商品、広告などに認定マークの使用が可能である（厚生労働省 HP「ユースエール認定制度」）。

エ　合致しない。肢エは「えるぼし」の認定マークである。女性活躍推進法に基づく認定制度として、行動計画の策定・届出を行った企業のうち、女性の活躍推進に関する取組の実施状況等が優良な企業は、都道府県労働局への申請により、厚生労働大臣の認定を受けることができる。この認定を受けた企業は、厚生労働大臣が定める認定マーク「えるぼし」を商品などに付すことができる（厚生労働省 HP「女性活躍推進法特集ページ」）。

正解　ア

問題 48. デジタル社会と女性の活躍に関する以下のアからエまでの記述のうち、最も適切ではないものを１つ選びなさい。（出典：内閣府「第５次男女共同参画基本計画」）

ア．DX（デジタルトランスフォーメーション）とは、企業がビジネス環境の激しい変化に対応し、データとデジタル技術を活用して、顧客や社会のニーズを基に、製品やサービス、ビジネスモデルを変革するとともに、業務そのものや、組織、プロセス、企業文化・風土を変革し、競争上の優位性を確立することをいう。

イ．デジタル化の進展により、これまで人間の行っていた労働や家事は補助・代替されることとなり、生み出された余剰時間により、DX における新しいサービスモデルの創造が期待される。

ウ．日本は、大学等で理工系分野を専攻する女性の比率や研究者に占める女性の比率は諸外国と比較しても低くはないが、企業に IT 技術者として勤めている女性の比率は諸外国と比較して大きく後れを取っている。

エ．デジタル化社会到来の中で、女性が経済的に自立するとともに、快適かつ安全な生活を送るためには、必要なデジタル知識と技能を向上させるなど、デジタル・デバイドを防ぐことが肝要である。

解説　デジタル社会と女性の活躍

ア　適　切。DX（デジタルトランスフォーメーション）とは、企業がビジネス環境の激しい変化に対応し、データとデジタル技術を活用して、顧客や社会のニーズを基に、製品やサービス、ビジネスモデルを変革するとともに、業務そのものや、組織、プロセス、企業文化・風土を変革し、競争上の優位性を確立することをいう。DX は、デジタイゼーション→デジタライゼーションの段階を経て、単なるデジタル化を超えて、事業やビジネスモデルを変革することである。

イ　適　切。デジタル化の進展により、これまで人間の行っていた労働や家事は補助・代替されることとなり、生み出された余剰時間により、新しいサービスモデルの構築（DX）の創造が期待される。

ウ　不適切。日本は、大学等で理工系分野を専攻する女性の比率や研究者に占める女性の比率が諸外国と比較して低いため、女子学生に対し理工系分野の進学に関する情報を提供し、科学技術分野での活躍の魅力を伝えるなどして理工系の研究者人口を増やすことを国が率先して取り組むことが求められている。

エ　適　切。デジタル化社会到来の中で、女性が経済的に自立するとともに、快適かつ安全な生活を送るためには、必要なデジタル知識と技能を向上させるなど、デジタル・デバイドを防ぐことが肝要である。
　　　　　※デジタル・デバイドとは、日本の国内法令上用いられている概念ではないが、一般に、情報通信技術（IT）（特にインターネット）の恩恵を受けることのできる人とできない人の間に生じる経済格差を指し、通常「情報格差」と訳される。

正解　ウ

94

問題49. 男女雇用機会均等法における労働者の性別を理由とする差別に関する以下のアからエまでの記述のうち、最も<u>適切ではないもの</u>を1つ選びなさい。

ア．労働者の募集または採用に当たって、労働者の体力を要件とするものは、労働者の性別を理由とする間接差別に該当する。

イ．男女労働者の間の事実上の格差を解消する目的で行う「女性のみを対象にした取組」や「女性を有利に取り扱う取組」は、男女雇用機会均等法に違反しない。

ウ．労働者の募集もしくは採用、昇進または職種の変更に当たって、転居を伴う転勤に応じることができることを要件とすることは、労働者の性別を理由とする間接差別に該当する。

エ．時間外労働や深夜業の多い職務への配置に当たって、その対象を男性労働者のみとすることは、労働者の性別を理由とする差別に該当しない。

解説　　労働者の性別を理由とする差別

ア　適　切。労働者の募集または採用に当たって、労働者の身長、体
　　　　　　　重または体力を要件とするものは、労働者の性別を理由
　　　　　　　とする間接差別に該当する（男女雇用機会均等法7条、
　　　　　　　則2条1号）。

イ　適　切。男女労働者の間の事実上の格差を解消する目的で行う
　　　　　　　「女性のみを対象にした取組」や「女性を有利に取り扱
　　　　　　　う取組」は、労働者の性別を理由とする差別に該当しな
　　　　　　　い（男女雇用機会均等法8条）。

ウ　適　切。労働者の募集もしくは採用、昇進または職種の変更に当
　　　　　　　たって、転居を伴う転勤に応じることができることを要
　　　　　　　件とすることは労働者の性別を理由とする間接差別に
　　　　　　　該当する（男女雇用機会均等法7条、則2条2号）。

エ　不適切。時間外労働や深夜業の多い職務への配置に当たって、そ
　　　　　　　の対象を男性労働者のみとすることは、労働者の性別を
　　　　　　　理由とする差別に該当する（男女雇用機会均等法6条1
　　　　　　　号、H18年厚生労働省告示第614号）。

正解　エ

問題 50. ポジティブ・アクションに関する以下のアからエまでの記述
のうち、最も適切ではないものを1つ選びなさい。

ア.「ポジティブ・アクション」とは、「営業職にほとんど女性が
いない」、「管理職にほとんど女性がいない」など固定的な性別
による役割分担意識や過去の経緯から、男女労働者の間に事実
上生じている差があるとき、それを解消しようと、企業が行う
自主的かつ積極的な取組をさす。

イ.男女雇用機会均等法では、労働者に対し、性別を理由として
差別的取り扱いをすることを禁止しており、「ポジティブ・ア
クション」の取組であったとしても、女性のみの求人を行うこ
とは、法に反する。

ウ.「ポジティブ・アクション」は、男女平等促進を目的とする暫
定的な特別措置のため、機会及び待遇の平等の目的が達成され
たときに廃止される、暫定的な取組である。

エ.ポジティブ・アクションの普及促進のためのシンボルマーク
は「きらら」であり、ポジティブ・アクション（Positive action）
の頭文字の「P」と「a」を組み合わせたデザインとなっている。

解説　　ポジティブ・アクション

ア　適　切。記述の通り。「ポジティブ・アクション」は、社会的・
構造的な差別によって不利益を被っている者に対して、
一定の範囲で特別の機会を提供すること等により、実質
的な機会均等を実現することを目的として講じる暫定
的な措置のことを指す。男女平等促進を目的とする暫定
的な特別措置のため、機会及び待遇の平等の目的が達成
されたときに廃止される。

イ　不適切。男女雇用機会均等法では、労働者に対し性別を理由とし
　　　　　　　て差別的取り扱いをすることを禁止しているが、雇用の
　　　　　　　分野における男女の均等な機会および待遇の確保の支
　　　　　　　障となっている事情を改善することを目的として行う、
　　　　　　　女性のみを対象とする取組や女性を有利に取り扱う取
　　　　　　　組は、法に違反しない。

ウ　適　切。記述の通り。「ポジティブ・アクション」は、男女平等
　　　　　　　促進を目的とする暫定的な特別措置のため、機会及び待
　　　　　　　遇の平等の目的が達成されたときに廃止される、暫定的
　　　　　　　な取組である。

エ　適　切。シンボルマークの「きらら」は、「ポジティブ・アクシ
　　　　　　　ョン宣言サイト」からダウンロードでき、ポジティブ・
　　　　　　　アクションに取り組んでいる企業や、ポジティブ・アク
　　　　　　　ションの普及促進に賛同する企業、労使団体等が、シン
　　　　　　　ボルマークの作成趣旨に基づいて自由に利用すること
　　　　　　　ができる。

正解　イ

問題 51. マルチジョブホルダー制度に関する次の文章中の（　　）に入る適切な語句の組合せを、以下のアからエまでのうち1つ選びなさい。

2022年1月から始まった雇用保険マルチジョブホルダー制度とは、複数の事業所で勤務する（　a　）以上の労働者が、そのうち2つの事業所での勤務を合計して以下の要件を満たす場合に、本人からハローワークに申出を行うことで、申出を行った日から特例的に雇用保険の被保険者（マルチ高年齢被保険者）となることができる制度である。

適用要件は次の通り

・複数の事業所に雇用される（a）以上の労働者であること
・2つの事業所（1つの事業所における1週間の所定労働時間が5時間以上20時間未満）の労働時間を合計して1週間の所定労働時間が20時間以上であること
・2つの事業所のそれぞれの雇用見込みが（　b　）以上であること

ア．a．60歳　　　　b．31日

イ．a．60歳　　　　b．2か月

ウ．a．65歳　　　　b．31日

エ．a．65歳　　　　b．2か月

解説　マルチジョブホルダー制度

　2022年1月から始まった雇用保険マルチジョブホルダー制度とは、複数の事業所で勤務する（**a. 65歳**）以上の労働者が、そのうち2つの事業所での勤務を合計して以下の要件を満たす場合に、本人からハローワークに申出を行うことで、申出を行った日から特例的に雇用保険の被保険者（マルチ高年齢被保険者）となることができる制度である。

適用要件は次の通り

・複数の事業所に雇用される**65歳**以上の労働者であること
・2つの事業所（1つの事業所における1週間の所定労働時間が5時間以上20時間未満）の労働時間を合計して1週間の所定労働時間が20時間以上であること
・2つの事業所のそれぞれの雇用見込みが（**b. 31日**）以上であること

正解　ウ

問題 52. 「労働者」及び「使用者」に関する以下のアからエまでの記述のうち、最も適切なものを1つ選びなさい。

ア．労働基準法は、その適用対象である「労働者」を、職業の種類を問わず、賃金、給料その他これに準ずる収入によって生活する者をいうとしている。

イ．労働契約法は、その適用対象である「労働者」を、職業の種類を問わず、事業又は事務所に使用される者で、賃金を支払われる者をいうとしている。

ウ．労働基準法は、その適用対象である「使用者」を、事業主又は事業の経営担当者その他その事業の労働者に関する事項について、事業主のために行為をするすべての者をいうとしている。

エ．労働組合法は、その適用対象である「使用者」を、その使用する労働者に対して賃金を支払う者をいうとしている。

解説　　| 「労働者」及び「使用者」 |

ア　不適切。労働基準法の適用対象である「労働者」とは、職業の種
　　　　　類を問わず、事業又は事務所に使用される者で、賃金を
　　　　　支払われる者をいう（労働基準法9条）。本肢の記述は、
　　　　　労働組合法の適用対象である「労働者」である。（労働
　　　　　組合法3条）。

イ　不適切。労働契約法の適用対象である「労働者」とは、使用者に
　　　　　使用されて労働し、賃金を支払われる者をいう（労働契
　　　　　約法2条1項）。本肢の記述は、労働基準法の適用対象
　　　　　である「労働者」である。（労働基準法9条）。

ウ　適　切。労働基準法の適用対象である「使用者」とは、事業主又
　　　　　は事業の経営担当者その他その事業の労働者に関する
　　　　　事項について、事業主のために行為をするすべての者を
　　　　　いう（労働基準法10条）。

エ　不適切。労働組合法は、使用者についての定義規定を設けていな
　　　　　い。なお、本肢の記述は、労働契約法の適用対象である
　　　　　「使用者」である（労働契約法2条2項）。

| 正解　ウ |

問題 53. 労働契約に関する以下のアからエまでの記述のうち、最も適切ではないものを1つ選びなさい。

ア．労働契約は、労働者及び使用者が対等な立場での自主的交渉において、合意することによって締結しなければならない。

イ．労働契約の成立に必要な合意は、労働の種類・内容や賃金の額・計算方法に関する具体的な合意であることを要し、契約書の作成などの要式を必要とする。

ウ．使用者は、労働契約の締結に際し、労働者に対して賃金、労働時間などの労働条件を明示しなければならない。

エ．労働契約締結時に使用者が提示した賃金額と採用後支給された賃金額とが大幅に異なる場合、労働者は、即時に労働契約を解除することができる。

解説　　労働契約

ア　適　切。労働契約は、労働者及び使用者が対等な立場での自主的
　　　　　　交渉において、合意することによって締結しなければな
　　　　　　らない（労働契約法3条1項）。

イ　不適切。労働契約の成立に必要な合意は抽象的な内容のもので
　　　　　　もよく、労働の種類・内容や賃金の額・計算方法に関す
　　　　　　る具体的な合意であることを要しない。また、契約書の
　　　　　　作成などの要式は必要とされておらず、口頭によるもの
　　　　　　でもよいとされている（労働契約法4条2項）。

ウ　適　切。使用者は、労働契約の締結に際し、労働者に対して賃
　　　　　　金、労働時間その他の労働条件を明示しなければならな
　　　　　　い（労働基準法15条1項前段）。

エ　適　切。明示された労働条件が事実と相違する場合においては、
　　　　　　労働者は、即時に労働契約を解除することができる（労
　　　　　　働基準法15条2項）。

正解　イ

問題 54. 試用期間に関する以下のアからエまでの記述のうち、最も適切ではないものを1つ選びなさい。

ア．試用期間の法的性格について、判例は、原則として、解約権が留保された労働契約であるとしている。

イ．試用期間の長さについては、法律上制限はないが、試用期間中の労働者は不安定な地位に置かれることから、その能力や適性を判断するのに必要な合理的な期間を超えた長期の試用期間は、公序良俗に反し、その限りで無効となるものと考えられている。

ウ．試用期間中は、解約権留保付労働契約であることから、在籍期間にかかわらず、労働基準法に定める解雇予告規定は適用されない。

エ．試用期間における留保解約権の行使は、法的には解雇であるから、解雇権濫用法理によって、客観的合理性と社会的相当性が求められる。

解説　　試用期間

ア　適　切。試用期間の法的性格について、裁判例は、原則として、解約権が留保された労働契約（解約権留保付労働契約）であるとしている（三菱樹脂事件　最判昭 48.12.12）。

イ　適　切。試用期間の長さについては、法律上制限はないが、試用期間中の労働者は不安定な地位に置かれることから、その能力や適性を判断するのに必要な合理的な期間を超えた長期の試用期間は、公序良俗（民法 90 条）に反し、その限りで無効となるものと考えられている。

ウ　不適切。試用期間中の者が 14 日を超えて引き続き使用されるに至った場合においては、解雇予告が必要である（労働基準法 20 条 1 項、21 条ただし書、4 号）。

エ　適　切。試用期間における留保解約権の行使は、法的には解雇であるから、解雇権濫用法理によって、客観的合理性と社会的相当性が求められる（労働契約法 16 条参照）。

正解　ウ

問題 55. 就業規則に関する以下のアからエまでの記述のうち、最も適切なものを1つ選びなさい。

ア. 常時10人以上の労働者を使用する使用者は、一定事項について就業規則を作成し、行政官庁に届け出なければならないが、「常時10人以上の労働者を使用する」とは、一定期間継続して10人以上を使用していることを意味し、繁忙期のみ10人以上を使用する場合もこれに該当する。

イ. 使用者は、就業規則を変更する場合には、当該事業場の労働者の過半数で組織する労働組合、それがない場合は、労働者の過半数を代表する者の意見を聴かなければならない。

ウ. 絶対的必要記載事項の一部を記載しない就業規則も、その効力発生についての他の要件を具備する限り有効であり、使用者は、そのような就業規則を作成し届け出れば同条違反の責任を免れることができる。

エ. 行政官庁は、絶対的必要記載事項の一部を記載しない就業規則を届け出た使用者に対し、必要な助言及び指導を行わなければならない。

解説 就業規則

ア　不適切。常時10人以上の労働者を使用する使用者は、一定の事項について就業規則を作成し、行政官庁に届け出なければならない（労働基準法89条、則49条1項）。「常時10人以上の労働者を使用する」とは、常態として10人以上を使用していることを意味し、繁忙期のみ10人以上を使用する場合はこれに該当しない。

イ　適　切。使用者は、就業規則の作成または変更について、当該事業場に、労働者の過半数で組織する労働組合がある場合においてはその労働組合、労働者の過半数で組織する労働組合がない場合においては労働者の過半数を代表する者の意見を聴かなければならない（労働基準法90条1項）。同意を得ることまでは求められていない。

ウ　不適切。労働基準法第89条第1号から第3号までの絶対的必要記載事項の一部を記載しない就業規則も、その効力発生についての他の要件を具備する限り有効である。ただし、設問のような就業規則を作成し届け出ても使用者は、同条違反の責は免れない（H11.3.31基発168号）。

エ　不適切。労働基準法は、「行政官庁は、法令又は労働協約に牴触する就業規則の変更を命ずることができる」(同法92条2項) と規定しており、「使用者に対し、必要な助言及び指導を行わなければならない」とする規定はない。

正解　イ

問題 56. 権利の濫用に関する次の判例の抜粋を読み、（　　）に入る最も適切な語句の組合せを、以下のアからエまでのうち1つ選びなさい。

「使用者は業務上の必要に応じ、その裁量により労働者の勤務場所を決定することができるものというべきであるが、転勤、特に転居を伴う転勤は、一般に、労働者の生活関係に少なからぬ影響を与えずにはおかないから、使用者の転勤命令権は無制約に行使することができるものではなく、これを濫用することの許されないことはいうまでもないところ、当該転勤命令につき業務上の必要性が存しない場合又は業務上の必要性が存する場合であっても、当該転勤命令が（　a　）ものであるとき若しくは労働者に対し通常甘受すべき程度を著しく超える不利益を負わせるものであるとき等、（　b　）限り、当該転勤命令は権利の濫用になるものではないというべきである。（略）」

最判昭和 61 年 7 月 14 日（東亜ペイント事件）

ア．a．他の不当な動機・目的をもってなされた
　　b．特段の事情の存する場合でない

イ．a．現に就いている業務が習熟しないうちになされた
　　b．特段の事情の存する場合でない

ウ．a．他の不当な動機・目的をもってなされた
　　b．特段の事情の存する場合である

エ．a．現に就いている業務が習熟しないうちになされた
　　b．特段の事情の存する場合である

解説 　|権利の濫用|

　　「使用者は業務上の必要に応じ、その裁量により労働者の勤務場所を決定することができるものというべきであるが、転勤、特に転居を伴う転勤は、一般に、労働者の生活関係に少なからぬ影響を与えずにはおかないから、使用者の転勤命令権は無制約に行使することができるものではなく、これを濫用することの許されないことはいうまでもないところ、当該転勤命令につき業務上の必要性が存しない場合又は業務上の必要性が存する場合であっても、当該転勤命令が（a．他の不当な**動機・目的をもってなされた**）ものであるとき若しくは労働者に対し通常甘受すべき程度を著しく超える不利益を負わせるものであるとき等、（b．**特段の事情の存する場合でない**）限りは、当該転勤命令は権利の濫用になるものではないというべきである。（略）」

　　　　　　　　　　最判昭和 61 年 7 月 14 日（東亜ペイント事件）

　　　　　　　　　　　　　　　　　　　　　　　　|正解　ア|

110

問題 57. 労働基準法における労働者の人権擁護規定に関する以下の
アからエまでの記述のうち、最も<u>適切ではない</u>ものを１つ
選びなさい。

ア．労働基準法は、使用者は、労働者が女性であることを理由
として、賃金について、男性と差別的取扱いをしてはならな
いと規定している。

イ．労働基準法は、使用者は、暴行、脅迫、監禁その他精神又
は身体の自由を不当に拘束する手段によって、労働者の意思
に反して労働を強制してはならないと規定しているが、この
規定に違反した場合は、罰則の適用がある。

ウ．労働基準法は、使用者は、前借金その他労働することを条
件とする前貸の債権と賃金を相殺してはならないと規定し
ているが、「前借金その他労働することを条件とする前貸の
債権」とは、労働の強制または身分的拘束の手段となるよう
なもののみを指し、使用者が友誼的な立場から行う金融はそ
れに当たらないとしている。

エ．労働基準法は、使用者は、労働契約の不履行について違約
金を定め、又は損害賠償額を予定する契約をしてはならない
と規定しているため、労働者本人が費用を負担すべき自主的
な修学（技能取得）について使用者が修学費用を貸与し、修
学後一定期間勤務すればその返還債務を免除する内容の契
約は、賠償予定の禁止規定に違反する。

解説 | 労働者の人権擁護規定 |

ア　適　切。労働基準法 4 条は、使用者は、労働者が女性であること
　　　　　を理由として、賃金について、男性と差別的取扱いをし
　　　　　てはならないと規定している。

イ　適　切。使用者は、暴行、脅迫、監禁その他精神又は身体の自由
　　　　　を不当に拘束する手段によって、労働者の意思に反して
　　　　　労働を強制してはならない（強制労働の禁止・労働基準
　　　　　法 5 条）。この規定に違反した場合、罰則によって刑罰
　　　　　を科される可能性がある（労働基準法 117 条）。

ウ　適　切。労働基準法は、使用者は、前借金その他労働することを
　　　　　条件とする前貸の債権と賃金を相殺してはならないと規
　　　　　定している（労働基準法 17 条）が、「前借金その他労働
　　　　　することを条件とする前貸の債権」とは、労働の強制ま
　　　　　たは身分的拘束の手段となるようなもののみを指し、使
　　　　　用者が友誼的な立場から行う金融はそれに当たらないと
　　　　　している（S22.9.13 発基 17 号、S33.2.13 基発 90 号）。

エ　不適切。使用者は、労働契約の不履行について違約金を定め、ま
　　　　　たは損害賠償額を予定する契約をしてはならない（労働
　　　　　基準法 16 条）。しかし、修学費用返還制度は、一定の範
　　　　　囲で認められる。この契約は、裁判例上、本来本人が負
　　　　　担すべき自主的な修学について使用者が修学費用を貸
　　　　　与し、ただ修学後一定期間勤務すればその返還債務を免
　　　　　除する、という実質のものであれば、賠償予定禁止の違
　　　　　反ではない（東亜交通事件大阪高判 H22.4.22）が、使
　　　　　用者が自企業における教育訓練や能力開発の一環とし
　　　　　て業務命令で修学や研修をさせ、修学後の労働者を自
　　　　　企業に確保するために一定期間の勤務を約束させると
　　　　　いう実質のものであれば、賠償予定禁止の違反となる
　　　　　（新日本証券事件東京地判 H10.9.25）。

正解　エ

112

問題58. セクシュアルハラスメントに関する以下のアからエまでの記述のうち、最も適切ではないものを１つ選びなさい。

ア．職場におけるセクシュアルハラスメントの対象者となる「労働者」は、事業主が雇用する労働者のすべてをいい、女性のみならず、男性も対象となり、同性に対するものも含まれる。

イ．「対価型セクシュアルハラスメント」は、職場において行われる労働者の意に反する性的な言動に対する労働者の対応により、当該労働者が解雇、降格、減給等の不利益を受けることである。

ウ．「環境型セクシュアルハラスメント」は、職場において行われる労働者の意に反する性的な言動により労働者の就業環境が不快なものとなったため、能力の発揮に重大な悪影響が生じる等、当該労働者が就業する上で看過できない程度の支障が生じることである。

エ．「性的な言動」とは、性的な内容の発言及び性的な行動を指し、性的な事実関係を尋ねることや、性的な関係を強要すること、必要なく身体に触ることが含まれるが、性的な内容の情報を意図的に流布すること、わいせつな図画を配布することは、「性的な言動」に含まれない。

解説 セクシュアルハラスメント

ア 適 切。職場におけるセクシュアルハラスメントは、異性に対す
るものだけでなく、同性に対するものも対象となる。

イ 適 切。記述の通り。

ウ 適 切。記述の通り。

エ 不適切。「性的な言動」には、性的な内容の発言及び性的な行動
を指し、性的な事実関係を尋ねることや、性的な関係を
強要すること、必要なく身体に触ることだけではなく、
性的な内容の情報を意図的に流布することやわいせつ
な図画を配布することも、含まれる。

正解 エ

問題59. 職場における妊娠・出産等に関するハラスメントについて、以下のアからエまでの記述のうち、最も適切ではないものを1つ選びなさい。

ア. 「制度等の利用への嫌がらせ型」とは、母性健康管理、産前休業、軽易な業務への転換などの制度または措置の利用の請求に関する言動により就業環境が害されるものである。

イ. 「状態への嫌がらせ型」とは、妊娠したこと、出産したこと、産後の就業制限の規定により就業できないなど、妊娠または出産に関する言動により就業環境が害されるものである。

ウ. 同僚が女性労働者に対し、「妊娠するなら忙しい時期を避けるべきだった」と発言をすることは、1回の言動であってもハラスメントに該当する。

エ. 労働者による産前産後、育児休業制度等の利用の請求を理由に、上司が解雇や不利益な取扱いを示唆することは、1回の言動であってもハラスメントに該当する。

解説　職場における妊娠・出産等に関するハラスメント

ア　適　切。「制度等の利用への嫌がらせ型」とは、母性健康管理、産前休業、軽易な業務への転換などの制度または措置の利用に関する言動により就業環境が害されるものである。

イ　適　切。「状態への嫌がらせ型」とは、妊娠したこと、出産したこと、産後の就業制限の規定により就業できないなど、妊娠または出産に関する言動により就業環境が害されるものである。

ウ　不適切。「状態への嫌がらせ型」の例として、同僚が女性労働者に対し、「妊娠するなら忙しい時期を避けるべきだった」と繰り返し又は継続的に言い、就業をする上で看過できない程度の支障を生じさせる場合には、ハラスメントに該当する。

エ　適　切。労働者による産前産後、育児休業制度等の利用の請求を理由に上司が解雇や不利益な取扱いを示唆することは、たとえ1回の言動であってもハラスメントに該当する。「状態への嫌がらせ型」の例として、同僚が女性労働者に対し、「妊娠するなら忙しい時期を避けるべきだった」と繰り返し又は継続的に言い、就業をする上で看過できない程度の支障を生じさせる場合は、ハラスメントに該当する。

正解　ウ

116

問題60. 次の図は、民事上の個別労働紛争の主な相談内容の件数の内訳を示している。図中の（　）に入る<u>適切な</u>項目の組合せを、以下のアからエまでのうち１つ選びなさい。

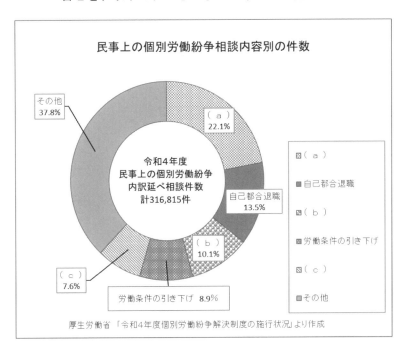

民事上の個別労働紛争相談内容別の件数

その他
37.8%

（ a ）
22.1%

令和4年度
民事上の個別労働紛争
内訳延べ相談件数
計316,815件

自己都合退職
13.5%

（ b ）
10.1%

労働条件の引き下げ 8.9%

（ c ）
7.6%

⊠（ a ）
■自己都合退職
⊠（ b ）
▥労働条件の引き下げ
⊠（ c ）
■その他

厚生労働省「令和4年度個別労働紛争解決制度の施行状況」より作成

ア．a．いじめ・嫌がらせ　　b．解雇　　c．退職勧奨

イ．a．いじめ・嫌がらせ　　b．退職勧奨　　c．解雇

ウ．a．解雇　　b．いじめ・嫌がらせ　　c．退職勧奨

エ．a．退職勧奨　　b．いじめ・嫌がらせ　　c．解雇

117

解説 　民事上の個別労働紛争に関する相談件数

　（a）は、いじめ・嫌がらせ、（b）は、解雇、（c）は、退職勧奨
である。
よって、答えは、肢アとなる。

いじめ・嫌がらせ	自己都合退職	解雇	労働条件の引き下げ	退職勧奨	その他
22.1%	13.5%	10.1%	8.9%	7.6%	37.8%

正解　ア

118

問題61. 職場におけるパワーハラスメントの要件に関する以下のア
からエまでの記述のうち、最も適切ではないものを1つ選
びなさい。

ア. パワーハラスメントは、①優越的な関係を背景とした言動で
あって、②業務上必要かつ相当な範囲を超えたものにより、
③労働者の就業環境が害されるものであり、①から③までの
要素のうちいずれかを満たすものをいう。

イ. パワーハラスメントの成立要件である「職場内の優位性を背
景に行われるもの」とは、受け手の労働者が行為者に対して
抵抗又は拒絶することができない蓋然性が高い関係に基づ
いて行われる言動である。

ウ. パワーハラスメントの成立要件である「業務の適正な範囲
を超えて行われること」とは、社会通念に照らし、当該行
為が明らかに業務上の必要性がない、又はその態様が相当
でないものであることをいう。

エ. 「労働者の就業環境が害される」とは、当該言動により労働
者が身体的又は精神的に苦痛を与えられ、労働者の就業環
境が不快なものとなったため、能力の発揮に重大な悪影響が
生じる等、当該労働者が就業する上で看過できない程度の支
障が生じることを指す。

解説　パワーハラスメントの要件

ア　不適切。パワーハラスメントは、①優越的な関係を背景とした言動であって、②業務上必要かつ相当な範囲を超えたものにより、③労働者の就業環境が害されるものであり、①から③までの要素を全て満たすものをいう。

イ　適　切。パワーハラスメントの成立要件である「職場内の優位性を背景に行われるもの」とは、受け手の労働者が行為者に対して抵抗又は拒絶することができない蓋然性が高い関係に基づいて行われる言動である。

ウ　適　切。パワーハラスメントの成立要件である「業務の適正な範囲を超えて行われること」とは、社会通念に照らし、当該行為が明らかに業務上の必要性がない、又はその態様が相当でないものであることをいう。

エ　適　切。「労働者の就業環境が害される」とは、当該言動により労働者が身体的又は精神的に苦痛を与えられ、労働者の就業環境が不快なものとなったため、能力の発揮に重大な悪影響が生じる等当該労働者が就業する上で看過できない程度の支障が生じることを指す。

正解　ア

問題62. パワーハラスメント行為の6類型に関する以下のアからエまでの記述のうち、最も適切ではないものを1つ選びなさい。

ア. 明らかに管理職の業務であるにもかかわらず、業務命令で仕事を振られることは、パワーハラスメント行為類型のうち「過大な要求」に該当する。

イ. 職場での会話の無視や飲み会などに一人だけ誘われないことは、パワーハラスメント行為類型のうち「個の侵害」に該当する。

ウ. バスの運転手なのに営業所の草むしりだけを命じられることは、パワーハラスメント行為類型のうち「過小な要求」に該当する。

エ. 部下が仕事上のミスをした際に、部下の同僚の目の前で大声で叱責することは、パワーハラスメント行為類型のうち「精神的な攻撃」に該当する。

解説 パワハラ行為の６類型

ア　適　切。記述の通り。過大な要求には、職務上明らかに不要な
　　　　　ことや遂行できないことの強制、仕事の妨害が含まれる。

イ　不適切。職場での会話の無視や飲み会などに一人だけ誘われな
　　　　　いことは、パワーハラスメント行為類型のうち「個の侵
　　　　　害」ではなく、「人間関係からの切り離し」に該当する。

ウ　適　切。バスの運転手なのに営業所の草むしりだけを命じられ
　　　　　ることは、パワーハラスメント行為類型のうち「過小な
　　　　　要求」に該当する。

エ　適　切。部下が仕事上のミスをした際に、部下の同僚の目の前
　　　　　で大声で叱責することは、パワーハラスメント行為類型
　　　　　のうち「精神的な攻撃」に該当する。

正解　イ

問題 63. 労働基準法 15 条（労働条件の明示）の規定に関する以下のアからエまでの記述のうち、最も<u>適切ではない</u>ものを 1 つ選びなさい。

ア．労働契約を締結する際に、使用者は労働者に就業の場所及び従事すべき業務の変更の範囲を明示しなければならないとしている。

イ．「就業の場所及び従事すべき業務」とは、労働者が通常就業することが想定されている就業の場所及び労働者が通常従事することが想定されている業務をいい、配置転換及び在籍型出向が命じられた場合の当該配置転換及び在籍型出向先の場所及び業務はこれに含まれない。

ウ．業務の「変更の範囲」とは、今後の見込みも含め、当該労働契約の期間中における就業の場所及び従事すべき業務の変更の範囲をいうものである。

エ．就業の場所及び従事すべき業務の変更の範囲は、有期労働契約を含む全ての労働契約の締結の際に明示する必要がある。

解説 　労働条件の明示

ア　適　切。労働契約を締結する際に、使用者は労働者に就業の場所
　　　　　　 及び従事すべき業務の変更の範囲を明示しなければな
　　　　　　 らないとしている。

イ　不適切。「就業の場所及び従事すべき業務」とは、労働者が通常
　　　　　　 就業することが想定されている就業の場所及び労働者
　　　　　　 が通常従事することが想定されている業務をいい、配置
　　　　　　 転換及び在籍型出向が命じられた場合の当該配置転換
　　　　　　 及び在籍型出向先の場所及び業務はこれに含まれる。

ウ　適　切。業務の「変更の範囲」とは、今後の見込みも含め、当該
　　　　　　 労働契約の期間中における就業の場所及び従事すべき
　　　　　　 業務の変更の範囲をいうものである。

エ　適　切。就業の場所及び従事すべき業務の変更の範囲は、有期労
　　　　　　 働契約を含む全ての労働契約の締結の際に明示する必
　　　　　　 要がある。

正解　イ

問題 64. 解雇に関する以下のアからエまでの記述のうち、最も<u>適切ではない</u>ものを1つ選びなさい。

ア．解雇は、客観的に合理的な理由を欠き、社会通念上相当であると認められない場合、解雇権を濫用したものとして、無効となる。

イ．労働者が解雇された場合、使用者は、当該労働者から請求があったときは、遅滞なく解雇理由の証明書を交付しなければならず、労働者が解雇の事実のみの記載を請求したときであっても、解雇を巡る紛争の防止の観点から、使用者は同証明書において解雇理由を具体的に記載しなければならない。

ウ．判例によれば、使用者の責めに帰すべき事由によって解雇された労働者は、使用者に対し解雇期間中の賃金を請求することができるが、当該労働者が解雇された期間中に他で就労して得た中間収入については、使用者が支払うべき賃金額から控除される。

エ．使用者が経営上の必要性による人員削減のための整理解雇を行う場合、裁判例では、原則として、人員削減の必要性、解雇回避努力、被解雇者の選定の合理性、手続の妥当性という4つの要件を満たさなければ、整理解雇は無効であるとされている。

解説　　解雇

ア　適　切。解雇は、客観的に合理的な理由を欠き、社会通念上相当
　　　　　であると認められない場合は、使用者はその権利を濫用
　　　　　したものとして、無効とされる（労働契約法 16 条）。

イ　不適切。解雇された労働者が、解雇理由の証明書を請求した場合
　　　　　には、使用者は、遅滞なくこれを交付しなければならな
　　　　　い（労働基準法 22 条 1 項）。ただし、同証明書には、労
　　　　　働者の請求しない事項を記入してはならず（同条 3 項）、
　　　　　労働者が解雇の事実のみの記載を請求したときには、使
　　　　　用者は同証明書に解雇理由を記載してはならない（平
　　　　　11.1.29 基発 45 号）。

ウ　適　切。判例によれば、使用者の責めに帰すべき事由によって解
　　　　　雇された労働者は、使用者に対して、民法 536 条 2 項に
　　　　　基づいて解雇期間中の賃金の支払を求めることができ
　　　　　る。ただし、当該労働者が解雇された期間中に得た中間
　　　　　収入は、副業的なものであって解雇がなくても当然に取
　　　　　得し得る等の特段の事情がない限り、自己の債務を免れ
　　　　　たことによって得た利益（民法 536 条 2 項後段）とし
　　　　　て、使用者が支払うべき賃金額から控除される（米軍山
　　　　　田部隊事件　最判昭 37.7.20）。

エ　適　切。整理解雇の有効性について、裁判例では、原則として、
　　　　　①人員削減の必要性、②解雇回避努力、③被解雇者の選
　　　　　定の妥当性、④手続の妥当性という 4 つの要件を満たさ
　　　　　なければ無効であるとの法理が用いられている（東京高
　　　　　判昭 54.10.29　東洋酸素事件など）。

正解　イ

126

問題 65. 解雇の予告に関する以下のアからエまでの記述のうち、最も適切ではないものを１つ選びなさい。

ア．民法は、期間の定めのない労働契約における使用者及び労働者の解約予告期間は２週間で足りると規定しているが、労働基準法は、使用者のなす解雇につき予告期間を 30 日間置くことまたは平均賃金 30 日分の予告手当を支払うことを義務づけている。

イ．労働基準法において、天災事変その他やむを得ない事由のために事業の継続が不可能となった場合または労働者の責に帰すべき事由に基づいて解雇する場合は、解雇の予告または予告手当の支払を要しない。

ウ．使用者が即時解雇の意思表示をした後、行政官庁から解雇予告除外認定を得た場合、その解雇の効力は、当該使用者が即時解雇の意思表示をした日に発生する。

エ．使用者が労働基準法で定める解雇予告手当を支払わなかった場合、裁判所は、使用者が支払わなければならない金額についての未払い金のほか、これと同一額の付加金の支払を命ずることができるが、付加金の支払義務について、判例は、労働者の請求によって初めて発生するものではなく、使用者が予告手当等を支払わなかった場合に、当然発生すべきものと解している。

解説　解雇の予告

ア　適　切。民法は、期間の定めのない労働契約における使用者及び
　　　　　　労働者の解約予告期間は 2 週間で足りると規定してい
　　　　　　る（同法 627 条 1 項）が、労働基準法は、使用者のなす
　　　　　　解雇につき、予告期間を 30 日間置くことまたは平均賃
　　　　　　金 30 日分の予告手当を支払うこと（同法 20 条）を義
　　　　　　務づけている。

イ　適　切。天災事変その他やむを得ない事由のために事業の継続
　　　　　　が不可能となった場合または労働者の責に帰すべき事
　　　　　　由に基づいて解雇する場合においては、解雇の予告また
　　　　　　は予告手当の支払を要しない（労働基準法 20 条）。

ウ　適　切。使用者が即時解雇の意思表示をした後、行政官庁から解
　　　　　　雇予告除外認定を得た場合、その解雇の効力は、当該使
　　　　　　用者が即時解雇の意思表示をした日に発生する（労働基
　　　　　　準法 20 条 3 項、昭和 63 年 3 月 14 日基発 150 号）。

エ　不適切。使用者が解雇予告手当を支払わなかった場合、裁判所
　　　　　　は、労働者の請求により、それらの規定に従って使用者
　　　　　　が支払わなければならない金額についての未払い金の
　　　　　　ほか、これと同一額の付加金の支払を命ずることができ
　　　　　　る（労働基準法 114 条）が、付加金の支払義務について、
　　　　　　判例は、使用者が予告手当等を支払わなかった場合に、
　　　　　　当然発生するものではなく、労働者の請求により裁判所
　　　　　　がその支払を命ずることによって、初めて発生するもの
　　　　　　と解している（細谷服装事件、最判昭 35.3.11）。

正解　エ

問題 66. 定年制に関する以下のアからエまでの記述のうち、最も適切ではないものを1つ選びなさい。

ア．定年制は、従業員の雇用尊重を最優先課題とし、かつ年功による処遇を基本とする日本の長期雇用システムにおいて、年功による昇進秩序を維持し、かつ賃金コストを一定限度に抑制するための不可欠な制度として機能してきた。

イ．定年制とは、一定の年齢に達した労働者を就業規則や労働協約によって労働契約を自動的に終了させる制度である。

ウ．定年制は、労働契約の終了を定める制度であることから、定年制を定める規定は有期労働契約の期間の定めについての規定である。

エ．事業主が、就業規則において、その雇用する労働者の定年年齢を定めようとする場合、当該定年は60歳を下回ることはできない。

解説　定年制

ア　適　切。定年制は、従業員の雇用尊重を最優先課題とし、かつ年功による処遇を基本とする日本の長期雇用システムにおいて、年功による昇進秩序を維持し、かつ賃金コストを一定限度に抑制するための不可欠の制度として機能してきた。

イ　適　切。定年制とは、一定の年齢に達した労働者を就業規則や労働協約によって労働契約を自動的に終了させる制度である。

ウ　不適切。定年制は、定年到達前の退職や解雇が格別制限されない点で労働契約の期間の定めとは異なる。たとえば、期間の定めがある労働契約について、労働契約法 17 条 1 項は、「使用者は、期間の定めのある労働契約について、やむを得ない事由がある場合でなければ、その契約期間が満了するまでの間において、労働者を解雇することができない。」と規定しているが、定年制の場合、この規定の適用はない。よって、定年制は労働契約の終了事由に関する特殊の定め（特約）と解されている。

エ　適　切。高年齢者雇用安定法は、事業主が定年の定めをする場合には「当該定年は、60 歳を下回ることはできない。」と規定している（高年齢者雇用安定法 8 条本文）。これは、強行法規であることから、事業主がこの規定に反して 60 歳を下回る定年年齢を定めた場合には、この定めは無効となり、定年の定めがないことになる。なお、厚生労働省令で定める業務については、この 60 歳定年制の原則の適用はないものとされている（高年齢者雇用安定法 8 条ただし書）。

正解　ウ

問題 67. 休職に関する以下のアからエまでの記述のうち、最も<u>適切ではないもの</u>を 1 つ選びなさい。

ア．休職とは、労働者を就労させることが適当でない場合に、労働契約関係を維持しつつ、就労を免除または禁止することである。

イ．休職は、労働協約や就業規則の定めに基づく使用者の一方的意思表示によって発令されるのが一般であるが、労働者との合意によって実施されることもある。

ウ．休職期間中の賃金の定めは企業によって様々であるが、本人の都合または本人の責に帰すべき事由による休職の場合には、賃金が支給されないことが多い。

エ．休職期間の長さは、労働基準法の定めるところにより、24 か月が限度となる。

解説　　休職

ア　適　切。休職とは、労働者を就労させることが適当でない場合
　　　　　　に、労働契約関係を維持しつつ、就労を免除または禁止
　　　　　　することである。

イ　適　切。休職は、労働協約や就業規則の定めに基づく使用者の一
　　　　　　方的意思表示によって発令されるのが一般であるが、労
　　　　　　働者との合意によって実施されることもある。

ウ　適　切。休職には法規制がないので、休職期間中の賃金の定めは
　　　　　　企業によって様々であり、労働協約や就業規則、労働契
　　　　　　約によって定められている。一般的傾向としては、本人
　　　　　　の都合または本人の責に帰すべき事由による休職の場
　　　　　　合には、賃金は支給されず（無給）、それ以外の場合は、
　　　　　　その内容に応じ 60〜100%の範囲で賃金が支給される
　　　　　　ことが多いようである。
　　　　　　　なお、私傷病休職で賃金の支払いがない場合は、療養
　　　　　　のための労務不能であるなどの条件をみたせば、申請
　　　　　　により、健康保険（国民健康保険は対象外）から、最長
　　　　　　で1年6か月間、支給開始日前12か月間の各月の標準
　　　　　　報酬月額の平均額から算出した日額の3分の2に相当
　　　　　　する支給日額の傷病手当金が支給される。

エ　不適切。休職期間の長さは、勤続年数や傷病の性質に応じて異
　　　　　　なって定められるのが通常であるが、休職には法規制が
　　　　　　ないので、明確な基準はない。正社員の場合、勤続1年
　　　　　　で6〜12カ月程度、勤続5年で12〜18カ月程度、勤続
　　　　　　10年以上で24カ月程度とする例がある。

正解　エ

132

問題 68. 懲戒処分に関する以下のアからエまでの記述のうち、最も適切ではないものを1つ選びなさい。

ア．判例によれば、使用者が労働者を懲戒するには、あらかじめ就業規則において懲戒の種別及び事由を定めておくことが必要である。

イ．判例によれば、使用者は、懲戒処分の当時に認識していなかった当該労働者の非違行為について、原則として、事後的にこれを当該懲戒処分の理由として追加することができる。

ウ．判例によれば、労働者の職場外でされた職務遂行に関係のない私生活上の行為については、企業秩序に直接の関係を有するもの及び企業の社会的評価の低下や毀損につながるおそれがあると客観的に認められるものに限り、企業秩序の維持確保のために、懲戒処分の対象となし得る。

エ．使用者が懲戒処分として減給の制裁を定める場合、1回の減給額が平均賃金の1日分の半額を超えてはならず、また、減給の総額は一賃金支払期における賃金の総額の10分の1を超えてはならない。

解説　懲戒処分

ア　適　切。判例は、使用者が労働者を懲戒するには、あらかじめ就業規則において懲戒の種別及び事由を定めておくことを要するとしている。また、就業規則が法的規範としての性質を有するものとして拘束力を生ずるためには、その内容の適用を受ける事業場の労働者に周知させる手続が採られていることを要するとしている（最判平15.10.10　フジ興産事件）。

イ　不適切。判例は、使用者が懲戒処分当時に認識していなかった当該労働者の非違行為は、当該懲戒処分の理由とされたものではないことから、特段の事情がない限り、事後的に懲戒処分の理由として追加することはできないとしている（最判平8.9.26　山口観光事件）。

ウ　適　切。判例は、労働者の職場外でされた職務遂行に関係のない私生活上の行為について、企業秩序に直接の関係を有するもの及び企業の社会的評価の低下や毀損につながるおそれがあると客観的に認められるものに限り、企業秩序の維持確保のために、懲戒処分の対象となし得るとしている（最判昭49.2.28　国鉄中国支社事件）。

エ　適　切。使用者が就業規則で労働者に対して減給の制裁を定める場合においては、その減給は、1回の額が平均賃金の1日分の半額を超え、総額が一賃金支払期における賃金の総額の10分の1を超えてはならない（労働基準法91条）。

正解　イ

問題 69. 労働基準法における賃金に関する以下のアからエまでの記述のうち、最も適切ではないものを1つ選びなさい。

ア. 賃金は現金払いが原則であるが、所定の要件を満たせば、賃金のデジタル払いも可能である。

イ. 賃金は、所定の支払日に支払うことが確定している全額を支払わなければならないが、判例によれば、労働者が自らの自由な意思に基づいて退職金債権を放棄した場合には、使用者がその退職金を支払わないことも許される。

ウ. 賃金は、毎月1回以上、一定の期日を定めて支払わなければならないが、「毎月第3金曜日」という支払日の定め方をすることも認められる。

エ. 使用者は、労働者が出産、疾病、災害その他厚生労働省令で定める非常の場合の費用に充てるために請求する場合においては、支払期日前であっても、既往の労働に対する賃金を支払わなければならない。

解説 　賃金支払の諸原則

ア　適　切。賃金は現金払いが原則であるが、所定の要件を満たせ
　　　　　　ば、賃金のデジタル払いも可能である（労働基準法 24
　　　　　　条 1 項、則 7 条の 2 第 1 項 3 号）。

イ　適　切。賃金は、所定の支払日に支払うことが確定している全額
　　　　　　を支払わなければならないのが原則である（労働基準法
　　　　　　24 条 2 項）。ただし、判例は、この原則は使用者による
　　　　　　一方的な賃金控除を禁止するものであることから、労働
　　　　　　者が自由な意思に基づいて退職金債権を放棄した場合
　　　　　　には、使用者が放棄された退職金を支払わないことも許
　　　　　　されるとしている（最判昭 48.1.19　シンガー・ソーイ
　　　　　　ング・メシーン事件）。

ウ　不適切。賃金は、毎月 1 回以上、一定の期日を定めて支払わなけ
　　　　　　ればならない（労働基準法 24 条 2 項）。「毎月第 3 金曜
　　　　　　日」という支払日の定め方は、1 年間に変動幅が 7 日間
　　　　　　となり、労働基準法 24 条 2 項本文の趣旨である労働者
　　　　　　の生活上の安定が害されることから、「一定の期日」を
　　　　　　定めての支払とはいえず、許されない。

エ　適　切。使用者は、労働者が出産、疾病、災害その他厚生労働省
　　　　　　令で定める非常の場合（労働基準法施行規則 9 条）の費
　　　　　　用に充てるために請求する場合においては、支払期日前
　　　　　　であっても、既往の労働に対する賃金を支払わなければ
　　　　　　ならない（労働基準法 25 条）。

正解　ウ

問題 70. 賃金に関する以下のアからエまでの記述のうち、最も適切
ではないものを1つ選びなさい。

ア．労働基準法上の賃金とは、賃金、給料、手当、賞与その他
名称の如何を問わず、労働の対償として使用者が労働者に支
払うすべてのものをいう。

イ．平均賃金は、解雇の場合の予告手当や労働災害の場合の補
償など、労働基準法上の金銭給付を計算する際に用いられる。

ウ．使用者の責に帰すべき事由による休業の場合において、使
用者は、休業期間中当該労働者に、その平均賃金の 100 分
の 60 以上の手当を支払わなければならないが、この手当は、
「休業手当」と称され、労働者の賃金生活の保障という観点
から使用者の帰責事由は、民法よりも拡大されている。

エ．賃金は、労働者に、その全額を支払わなければならないが、
当該事業場の労働者の過半数で組織する労働組合がある場
合には、その労働組合との書面による協定、労働者の過半数
で組織する労働組合がない場合には、当該事業場の労働者の
過半数を代表するものとの書面による労使協定があるとき
は、通貨以外のもので支払うことができる。

解説　　賃金

ア　適　切。労働基準法上の賃金とは、賃金、給料、手当、賞与その
　　　　　他名称の如何を問わず、労働の対償として使用者が労働
　　　　　者に支払うすべてのものをいう（労働基準法 11 条）。

イ　適　切。平均賃金とは、これを算定すべき事由の発生した日以前
　　　　　3 箇月間にその労働者に対し支払われた賃金の総額を、
　　　　　その期間の総日数で除した金額をいう（労働基準法 12
　　　　　条）。平均賃金は、解雇の場合の予告手当（労働基準法
　　　　　20 条）や労働災害の場合の補償（労働基準法 76 条〜82
　　　　　条）など、労働基準法上の金銭給付を計算する際に用い
　　　　　られる。

ウ　適　切。使用者の責に帰すべき事由による休業の場合において、
　　　　　使用者は、休業期間中当該労働者に、その平均賃金の
　　　　　100 分の 60 以上の手当を支払わなければならないが、
　　　　　この手当は、「休業手当」と称され、労働者の賃金生活
　　　　　の保障という観点から使用者の帰責事由は、民法よりも
　　　　　拡大されている（労働基準法 26 条）。

エ　不適切。賃金は、通貨で、直接労働者に、その全額を支払わなけ
　　　　　ればならない。ただし、法令若しくは労働協約に別段の
　　　　　定めがある場合又は厚生労働省令で定める賃金につい
　　　　　て確実な支払の方法で厚生労働省令で定めるものによ
　　　　　る場合においては、通貨以外のもので支払うことができ
　　　　　る（労働基準法 24 条 1 項）。つまり、労使協定を締結し
　　　　　ても現物で給与を支払うことはできない。

正解　エ

問題71. 最低賃金に関する以下のアからエまでの記述のうち、最も適切ではないものを1つ選びなさい。

ア．最低賃金制度とは、最低賃金法に基づき、国が賃金の最低額を定めたものであり、使用者はその最低賃金相当額の賃金を労働者に支払うことが義務付けられている。

イ．地域別最低賃金と特定最低賃金の両方が同時に適用される場合には、基本的に「特定（産業別）最低賃金」が適用される。

ウ．派遣労働者の最低賃金は、派遣先ではなく派遣元の事業所がある所在地の最低賃金が適用される。

エ．2023年度の最低賃金が1,000円を超えているのは、1都2府5県（東京都・神奈川県・千葉県・埼玉県・愛知県・大阪府・京都府・兵庫県）である。

解説　最低賃金

ア　適　切。最低賃金制度とは、最低賃金法に基づき国が賃金の最低
　　　　　 限度を定め、使用者は、その最低賃金額以上の賃金を支
　　　　　 払わなければならないとする制度である。

イ　適　切。最低賃金には、都道府県別に定められた「地域別最低賃
　　　　　 金」と特定の産業を対象に定められた「特定（産業別）
　　　　　 最低賃金」の2種類があり、「特定（産業別）最低賃金」
　　　　　 は「地域別最低賃金」よりも高い金額水準で定められて
　　　　　 いる（最低賃金法16条）。両方の最低賃金が同時に適
　　　　　 用される労働者には、使用者は高い方の最低賃金を支払
　　　　　 わなければならない。

ウ　不適切。派遣労働者には、派遣元の事業場の所在地にかかわら
　　　　　 ず、派遣先の最低賃金が適用されるため、労働者は派遣
　　　　　 先の事業場に適用される最低賃金を把握する必要があ
　　　　　 る（最低賃金法13条）。

エ　適　切。2022年度の最低賃金が1,000円を超えていたのは、東
　　　　　 京都と神奈川県、大阪府のみであったが、2023年度か
　　　　　 ら千葉県、埼玉県、愛知県、京都府、兵庫県も1,000円
　　　　　 以上となった。

正解　ウ

問題 72. 労働基準法上の休憩時間に関する以下のアからエまでの記述のうち、最も適切なものを1つ選びなさい。

ア. 使用者は、労働者に対し、休憩時間を自由に利用させなければならないことから、労働者が休憩時間中に外出することも自由であり、外出を許可制にすることは許されない。

イ. 休憩時間は、原則として、事業場ごとに、労働者に一斉に付与しなければならないが、労働基準監督署へ届け出ることによって、交代で休憩時間を与えることも許される。

ウ. 判例は、使用者が労働者に対し休憩付与義務を履行しなかった場合には、債務不履行となり、使用者は、労働者が休憩によって労働から解放されなかったことによる肉体的精神的苦痛の損害（慰謝料）を賠償する責任を負うとしている。

エ. 休憩時間は、1日の労働時間が8時間を超える場合には1時間以上、労働時間の途中に付与しなければならず、30分ずつ2回の休憩というような、休憩時間を分割して付与することは許されない。

解説 　解説　休憩時間

ア　不適切。使用者は、休憩時間を自由に利用させなければならない（労働基準法 34 条 3 項）。したがって、労働者が休憩時間中に外出することは原則として自由であるが、行政解釈は、労働者が事業場内で自由に休憩できる限り、外出を許可制とすることは違法ではないとしている（S23.10.30 基発 1575 号）。

イ　不適切。休憩時間は、原則として、事業場ごとに、労働者に一斉に付与しなければならない（労働基準法 34 条 2 項）。ただし、当該事業場に、労働者の過半数で組織する労働組合がある場合においてはその労働組合、労働者の過半数で組織する労働組合がない場合においては労働者の過半数を代表する者との書面による協定があるときは、労働者に一斉に付与する必要はなく、交代で休憩を与えることも許される（労働基準法 34 条 2 項）。労使協定については、労働基準監督署へ届ける必要はない。

ウ　適　切。判例は、使用者が労働者に対して休憩付与義務を履行しなかった場合、使用者は、休憩時間を自由に利用させる債務の不履行となるとして、労働者が休憩によって労働から解放されなかったことによる肉体的精神的苦痛の損害（慰謝料）を賠償する責任を負うとしている（最判昭 54.11.13 住友化学工業事件）。

エ　不適切。使用者は、1 日の労働時間が 8 時間を超える場合には 1 時間以上の休憩時間を労働時間の途中に付与しなければならないが（労働基準法 34 条 1 項）、法は分割付与を禁止していないことから、1 時間の休憩時間を 30 分の 2 回に分けることも可能である。

正解　ウ

問題 73. 休日に関する以下のアからエまでの記述のうち、最も適切なものを1つ選びなさい。

ア. 使用者は、労働者に対して、原則として、毎週少なくとも1回の休日を与えなければならないが、ここにいう休日とは、一日のうち、12時間以上労働免除がある日をいう。

イ. 労働基準法上、使用者は、労働者に対して、毎週特定の曜日を休日として定めたうえで、原則として毎週少なくとも1回の休日を与えなければならない。

ウ. 休日の振替とは、休日があらかじめ就業規則等によって特定されている場合において、その日を労働日とし、別の日（労働日）を休日として入れ替えることをいい、使用者は、自由に休日の振替を行うことができる。

エ. 使用者は、4週間を通じて4日以上の休日を与えることができるが、この場合には、就業規則等によって当該4週間の起算日を明らかにしなければならない。

解説　　休日

ア　不適切。使用者は、労働者に対して、毎週少なくとも1回の休日を与えなければならない（労働基準法35条1項）。ここにいう「休日」とは、暦日すなわち午前0時から午後12時までの24時間をいう（昭23.4.5基発535号）。

イ　不適切。使用者は、労働者に対して、原則として毎週少なくとも1回の休日を与えなければならないが（労働基準法35条1項）、週休日をどの日に位置づけるかについては、労働基準法は特に義務付けていないため、毎週特定の曜日を休日として定めることは義務付けられていない。

ウ　不適切。休日の振替によって、1週1日又は4週4日の休日が確保されないと、労働基準法35条に抵触することになるので、使用者は自由に休日の振替を行うことができるわけではない。

エ　適　切。使用者は、4週間を通じて4日以上の休日を与えることができる(労働基準法35条2項)。この場合、使用者は、就業規則その他これに準ずるものにおいて、当該4週間の起算日を明らかにしなければならない(同法施行規則12条の2第2項)。

正解　エ

問題 74. 割増賃金と割増率に関する以下のアからエまでの記述のうち、最も適切ではないものを1つ選びなさい。

ア. 時間外・休日・深夜労働の割増賃金の支払義務に違反した場合は、6か月以下の懲役又は30万円以下の罰金に処せられる。

イ. 休日労働が、8時間を超え、深夜業に該当しない場合の割増賃金は、休日労働及び時間外労働の割増率を合算しなければならない。

ウ. 使用者は、労働者に対して、深夜に労働させた場合は2割5分以上の率、法定休日に労働させた場合は3割5分以上の率の割増賃金を支払わなければならない。

エ. 割増賃金の基礎となる賃金は、月によって定められた賃金については、その金額を月における所定労働時間数（月によって所定労働時間数が異なる場合には、1年間における1月平均所定労働時間数）で除した金額である。

解説　割増賃金と割増率

ア　適　切。時間外・休日・深夜労働の割増賃金の支払義務に違反した場合は、6か月以下の懲役又は30万円以下の罰金に処せられる（労働基準法37条・119条）。テキストP168

イ　不適切。「協定において休日の労働時間を8時間と定めた場合、割増賃金については8時間を超えても深夜業に該当しない限り3割5分増で差し支えない」とされている（労働基準法37条、H6.3.31基発181号）。

ウ　適　切。深夜労働（午後10時から翌日の午前5時までの間の労働、厚生労働大臣が必要であると認める場合においては、午後11時から午前6時までの間の労働）をさせた場合は2割5分以上の割増賃金を支払わなければならない（労働基準法37条4項）。法定休日労働について、割増率は3割5分以上の率とされている（労働基準法37条1項、労働基準法37条1項の時間外及び休日の割増賃金に係る率の最低限度を定める政令）。

エ　適　切。割増賃金の基礎となる賃金は、月によって定められた賃金については、その金額を月における所定労働時間数（月によって所定労働時間数が異なる場合には、1年間における1月平均所定労働時間数）で除した金額である（労働基準法37条1項、則19条1項4号）。

正解　イ

問題 75. 変形労働時間制に関する以下のアからエまでの記述のうち、最も適切なものを 1 つ選びなさい。

ア. 変形労働時間制とは、一定の単位期間について、週あたりの平均労働時間が週法定労働時間の枠内に収まっていれば、1 週または 1 日の法定労働時間の規制を解除することができる制度である。

イ. 常時 10 人以上を使用する事業場において、1 か月単位の変形労働時間制を採用する場合、労使協定等で所定の事項を定めることを採用要件としていることから、就業規則に各労働日の始業・終業の時刻を定める必要はない。

ウ. 日ごとの業務に著しい繁閑の差が生ずることが多い小売業、旅館、料理店、飲食店のいずれかに該当し、労使協定を締結して所轄労働基準監督署長に届け出をしている事業であれば、常時使用する労働者数に関係なく、1 週間単位の非定型的変形労働時間制を採用することができる。

エ. 1 年単位の変形労働時間制を採用する場合、対象期間中の労働日と各労働日の所定労働時間を定める際には、対象期間を平均して、1 週間当たりの所定労働時間が 40 時間を超えることも許される。

解説　変形労働時間制

ア　適　切。変形労働時間制とは、一定の単位期間について、週あたりの平均労働時間が週法定労働時間の枠内に収まっていれば、1 週または 1 日の法定労働時間の規制を解除することができる制度である（労働基準法 32 条の 2～32 条の 5）。

イ　不適切。常時 10 人以上を使用する事業場において、1 か月単位の変形労働時間制を採用する場合、労使協定等で所定の事項を定めることを採用要件としているが、これとは別に、実際に採用する場合には、就業規則の規定に基づき、就業規則において始業及び終業の時刻を定める必要がある（労働基準法 89 条 1 号、平 11.3.31 基発 168 号、平 11.1.29 基発 45 号）。

ウ　不適切。日ごとの業務に著しい繁閑の差が生ずることが多い小売業、旅館、料理店、飲食店のいずれかに該当し、かつ常時使用する労働者数が 30 人未満の事業であれば、労使協定を締結して所轄労働基準監督署長に届け出をすることで 1 週間単位の非定型的変形労働時間制を採用することができる（労働基準法 32 条の 5、労働基準法施行規則 12 条の 5）。

エ　不適切。労働基準法 32 条の 4 第 2 項は、「使用者は、当該事業場に労働者の過半数で組織する労働組合がある場合においてはその労働組合、労働者の過半数で組織する労働組合がない場合においては労働者の過半数を代表する者の同意を得て、厚生労働省令で定めるところにより、当該労働日数を超えない範囲内において当該各期間における労働日及び当該総労働時間を超えない範囲内において当該各期間における労働日ごとの労働時間を定めなければならない」と規定している。よって、労使協定においては、対象期間を平均して 1 週間当たりの労働時間が 40 時間を超えないように、対象期間中の労働日と各労働日の所定労働時間を定める必要がある。

正解　ア

問題 76. 1年単位の変形労働時間制に関する以下のアからエまでの
記述のうち、最も<u>適切な</u>ものを1つ選びなさい。

ア．1年単位の変形労働時間制を採用するためには、労使協定を
締結する際に、対象となる労働者の範囲を定めなければなら
ない。

イ．常時 10 人以上を使用する使用者が1年単位の変形労働時
間制を採用する場合は、事業場の労使協定が締結されること
から、就業規則に各労働日の始業・終業の時刻を定める必要
はない。

ウ．労使協定の締結・届出がされた場合、1年単位の変形労働
時間制は労働基準法上適法となり、各労働者の労働契約上も
労使協定に定められた義務が生じる。

エ．1年単位の変形労働時間制を採用する場合、必ず労使協定が
締結されているから、対象期間を平均して1週間当たりの所
定労働時間が 40 時間を超えることも許される。

解説 　1年単位の変形労働時間制

ア 　適　切。1年単位の変形労働時間制を採用するためには、労使協
定を締結する際に、対象となる労働者の範囲を定めなけ
ればならない（労働基準法32条の4第1号）。

イ 　不適切。始業及び終業の時刻は、就業規則の絶対的必要記載事
項である（労働基準法89条1号、H11.3.31基発168
号）。 1年単位の変形労働時間制を採用する場合であっ
ても、使用者は、就業規則に各労働日の始業・終業の時
刻を定めなければならない。

ウ 　不適切。労使協定の締結・届出の効力は、1年単位の変形労働時
間制を労働基準法上適法とするにとどまり、各労働者の
労働契約上の義務付けのためには、就業規則または労働
協約の定めが必要である。

エ 　不適切。1年単位の変形労働時間制は、対象期間を平均して1週
間当たりの労働時間が40時間を超えない範囲内で、特
定された週に40時間、又は特定された日に8時間を超
えて労働させることができる（労働基準法32条の4）。

正解　ア

問題 77. 労働安全衛生法における安全衛生管理体制に関する以下の
アからエまでの記述のうち、最も<u>適切ではない</u>ものを１つ
選びなさい。

ア．常時 1000 人の労働者を使用している事業場においては、
事業者はその事業の実施を統括管理する者を総括安全衛生
管理者に選任し、安全衛生に関する業務を統括管理させなけ
ればならない。

イ．常時 50 人の労働者を使用している製造業の事業場におい
ては、事業者は安全管理者を選任し、安全に係る技術的事項
を管理させなければならない。

ウ．常時 50 人の労働者を使用している事業場においては、事業
者は衛生管理者を選任し、衛生に係る技術的事項を管理させ
なければならない。

エ．常時 50 人以上の労働者を使用している事業場においては、
事業者は省令の定める要件を備えた医師のうちから専属の
産業医を選任し、その者に労働者の健康管理等を行わせなけ
ればならない。

解説 安全衛生管理体制

ア 適 切。業種の如何を問わず常時 1000 人以上の労働者を使用している事業場においては、事業者はその事業の実施を統括管理する者を総括安全衛生管理者に選任し、安全衛生に関する業務を統括管理させなければならない（労働安全衛生法 10 条 1 項柱書、同法施行令 2 条 3 号）。

イ 適 切。常時 50 人以上の労働者を使用している製造業の事業場においては、事業者は安全管理者を選任し、安全に係る技術的事項を管理させなければならない（労働安全衛生法 11 条 1 項、同法施行令 3 条）。

ウ 適 切。業種の如何を問わず常時 50 人以上の労働者を使用している事業場においては、事業者は衛生管理者を選任し、衛生に係る技術的事項を管理させなければならない（労働安全衛生法 12 条 1 項、同法施行令 4 条）。

エ 不適切。常時 50 人以上の労働者を使用している事業場においては、事業者は省令の定める要件を備えた医師のうちから産業医を選任し、その者に労働者の健康管理その他の厚生労働省令で定める事項（「労働者の健康管理等」）を行わせなければならない（労働安全衛生法 13 条 1 項、同法施行令 5 条）。もっとも、常時 1000 人以上（一定の危険有害業務を行う事業場は常時 500 人以上）の労働者を使用する事業場については、専属の産業医を選任しなければならない（労働安全衛生規則 13 条 1 項 3 号）。すなわち、常時 50 人以上の労働者を使用している事業場においては、専属の産業医を選任する必要はない。

正解 エ

問題 78. 安全衛生教育に関する以下のアからエまでの記述のうち、最も適切なものを1つ選びなさい。

ア．事業者は、労働者を雇い入れたときは、当該労働者が常時使用する労働者であるか否かにかかわらず、当該労働者に対し、厚生労働省令で定めるところにより、その従事する業務に関する安全又は衛生のための教育を行なわなければならない。

イ．職長等教育とは、事業者が、建設業、一定の製造業等一定業種について、新たに職務に就くことになった又は職務内容に変更があった職長および労働者を直接指導監督する者（作業主任者を除く。）に対し、行う安全衛生教育である。

ウ．安全衛生教育が法定労働時間外に行われた場合、事業者は割増賃金を支払う義務を負わない。

エ．安全衛生教育の全部又は一部に関し十分な知識及び技能を有していると認められる労働者に対するものであっても、事業者は、当該労働者に関し、当該事項についての教育を省略することはできない。

解説　安全衛生教育

ア　適　切。事業者は、労働者を雇い入れたときは、当該労働者に対
　　　　　　し、遅滞なく、所定の事項のうち当該労働者が従事する
　　　　　　業務に関する安全又は衛生のための必要な事項につい
　　　　　　て、教育を行なわなければならないが、雇入れ時の安全
　　　　　　衛生教育の対象となる労働者は、常時使用する労働者だ
　　　　　　けではなく、すべての労働者である（労働安全衛生法 59
　　　　　　条 1 項、同法施行規則 35 条）。

イ　不適切。事業者は、建設業、一定の製造業等一定業種について、
　　　　　　新たに職務に就くこととなった職長又は労働者を直接
　　　　　　指揮監督する者（作業主任者を除く）に対し、安全衛生
　　　　　　教育を行わなければならない（労働安全衛生法 60 条）。
　　　　　　職長教育が必要なのは、新たに職務に就くことになった
　　　　　　ときのみで、職務内容を変更した時には行う必要がない。

ウ　不適切。安全衛生教育は、事業者の責任において実施されるもの
　　　　　　であり、労働時間と解され、法定労働時間外に行われた
　　　　　　場合は、割増賃金の支払が必要となる（労働安全衛生法
　　　　　　59 条、昭 47.9.18 基発第 602 号）。

エ　不適切。事業者は、安全衛生教育の全部又は一部に関し十分な知
　　　　　　識及び技能を有していると認められる労働者について
　　　　　　は、当該事項についての教育を省略することができる
　　　　　　（労働安全衛生法 59 条 2 項、同法施行規則 35 条 2 項）。

正解　ア

問題 79. 労働安全衛生法における一般健康診断に関する以下のアからエまでの記述のうち、最も<u>適切な</u>ものを1つ選びなさい。

ア. 事業者が労働安全衛生法に基づいて実施した一般健康診断の費用については、一部を労働者に負担させることができる。

イ. 労働者は、事業者の指定した医師又は歯科医師が行う健康診断を受けなければならない。

ウ. 行政解釈において、一般健康診断のために要した時間については、当然に事業者が負担すべきものであるとしている。

エ. 事業者は、労働者が自らの健康状態を把握し、自主的に健康管理が行えるよう、健康診断を受けた労働者に対して、異常の所見の有無にかかわらず、遅滞なくその結果を通知しなければならない。

解説 　一般健康診断

ア　不適切。労働安全衛生法 66 条 1 項から 4 項までの規定により実施される健康診断の費用については、同法で事業者に健康診断の実施の義務を課している以上、当然、事業者が負担すべきものである（労働安全衛生法 66 条 1 項、S47.9.18 基発 602 号）とされている。

イ　不適切。労働者は、事業者の指定した医師又は歯科医師が行う健康診断を受けることを希望しない場合、他の医師又は歯科医師の行なうこれらの規定による健康診断に相当する健康診断を受け、その結果を証明する書面を事業者に提出することができる（労働安全衛生法 66 条 5 項）。

ウ　不適切。一般健康診断は、一般的な健康の確保をはかることを目的として事業者にその実施義務を課したものであり、業務遂行との関連において行なわれるものではないので、その受診のために要した時間については、当然には事業者の負担すべきものではなく労使協議して定めるべきものであるが、労働者の健康の確保は、事業の円滑な運営の不可欠な条件であることを考えると、その受診に要した時間の賃金を事業者が支払うことが望ましい（労働安全衛生法 66 条 1 項、S47.9.18 基発 602 号）。

エ　適　切。事業者は、健康診断を受けた労働者に対し、遅滞なく、当該健康診断の結果を通知しなければならない（労働安全衛生法 66 条の 6 、労働安全衛生規則 51 条の 4 ）。

正解　エ

156

問題80. 次の文章は、厚生労働省作成の「ストレスチェック制度実施マニュアル」の「対象となる労働者」の部分を抜粋したものである。文章中の（　）に入る最も適切な語句の組合せを、以下のアからエまでのうち1つ選びなさい。

対象となる労働者

　ストレスチェックの対象者となる「常時使用する労働者」とは、次のいずれの要件をも満たす者をいいます（一般定期健康診断の対象者と同様です）。

①期間の定めのない労働契約により使用される者（期間の定めのある労働契約により使用される者であって、当該契約の契約期間が（　a　）以上である者並びに契約更新により（a）以上使用されることが予定されている者及び（a）以上引き続き使用されている者を含む。）であること。

②その者の1週間の労働時間数が当該事業場において同種の業務に従事する通常の労働者の1週間の所定労働時間数の（　b　）以上であること。

　なお、1週間の労働時間数が当該事業場において同種の業務に従事する通常の労働者の1週間の所定労働時間数の（b）未満である労働者であっても、上記の①の要件を満たし、1週間の労働時間数が当該事業場において同種の業務に従事する通常の労働者の1週間の所定労働時間数のおおむね（　c　）以上である者に対しても、ストレスチェックを実施することが望まれます。

ア．a．1年　　　　　b．4分の3　　　　c．2分の1

イ．a．1年　　　　　b．2分の1　　　　c．4分の1

ウ．a．6か月　　　　b．4分の3　　　　c．2分の1

エ．a．6か月　　　　b．2分の1　　　　c．4分の1

解説　ストレスチェックの実施義務と対象労働者

　厚生労働省作成の「ストレスチェック制度実施マニュアル」の「対象となる労働者」の文章は、次のようになる（同マニュアルP.30より抜粋）。

対象となる労働者

　ストレスチェックの対象者となる「常時使用する労働者」とは、次のいずれの要件をも満たす者をいう（一般定期健康診断の対象者と同様です）。
①期間の定めのない労働契約により使用される者（期間の定めのある労働契約により使用される者であって、当該契約の契約期間が**1年**以上である者並びに契約更新により**1年**以上使用されることが予定されている者及び**1年**以上引き続き使用されている者を含む。）であること。
②その者の1週間の労働時間数が当該事業場において同種の業務に従事する通常の労働者の1週間の所定労働時間数の**4分の3**以上であること。
　なお、1週間の労働時間数が当該事業場において同種の業務に従事する通常の労働者の1週間の所定労働時間数の**4分の3**未満である労働者であっても、上記の①の要件を満たし、1週間の労働時間数が当該事業場において同種の業務に従事する通常の労働者の1週間の所定労働時間数のおおむね**2分の1**以上である者に対しても、ストレスチェックを実施することが望まれます。

　よって、正解は肢ア（a：1年、b：4分の3、c：2分の1）となる。

正解　ア

問題 81. 業務災害の認定に関する以下のアからエまでの記述のうち、最も<u>適切な</u>ものを 1 つ選びなさい。

ア. 業務上の負傷又は疾病等といえるためには、業務起因性を必要とし、その前提として、業務遂行性がなければならないが、作業場内の休憩時間中であった場合は、業務遂行性は認められない。

イ. 出張先に赴く前後に自宅に立ち寄る行為（自宅から次の目的地に赴く行為を含む）は、原則として業務災害における業務には該当しない。

ウ. 勤務時間中に、作業に必要な私物の眼鏡を自宅に忘れた労働者が、上司の了解を得て、妻が届けてくれた眼鏡を工場の門まで自転車で受け取りに行く途中で、運転を誤り、転落して負傷した場合、業務上の負傷には該当しない。

エ. 業務により所定の精神障害を発病したと認められる者が自殺を図った場合には、精神障害によって正常の認識、行為選択能力が著しく阻害され、あるいは自殺行為を思いとどまる精神的抑制力が著しく阻害されている状態に陥ったものと推定され、業務起因性が認められる。

解説　　業務災害の認定

ア　不適切。業務上の負傷又は疾病等といえるためには、業務起因性を必要とし、その前提として、業務遂行性がなければならないが、休憩時間中であっても、業務遂行性は否定されない（労働者災害補償保険法 7 条 1 項 1 号、昭 25.6.8 基災収 1252 号）。

イ　不適切。出張の機会を利用して当該出張期間内において、出張先に赴く前後に自宅に立ち寄る行為(自宅から次の目的地に赴く行為を含む) については、当該立ち寄る行為が、出張経路を著しく逸脱していないと認められる限り、原則として、通常の出張の場合と同様、業務として取り扱う（労働者災害補償保険法 7 条 1 項 1 号、平 18.3.31 基労管発第 331001 号／基労補発第 331003 号）。

ウ　不適切。勤務時間中に、作業に必要な私物の眼鏡を自宅に忘れた労働者が、上司の了解を得て、家人が届けてくれた眼鏡を工場の門まで自転車で受け取りに行く途中で、運転を誤り、転落して負傷した場合、業務上の負傷に該当する（労働者災害補償保険法 7 条 1 項、昭 32.7.20 基収 3615 号）。

エ　適　切。業務により所定の精神障害を発病したと認められる者が自殺を図った場合には、精神障害によって正常の認識、行為選択能力が著しく阻害され、あるいは自殺行為を思いとどまる精神的抑制力が著しく阻害されている状態に陥ったものと推定され、業務起因性が認められる（労働者災害補償保険法 7 条 1 項 1 号、平 23.12.26 基発 1226 第 1 号）。

正解　エ

問題 82. 通勤災害に関する以下のアからエまでの記述のうち、最も適切ではないものを1つ選びなさい。

ア. 早出や長時間残業の際の宿泊場所として生活の本拠以外に有しているアパートは、通勤災害の適用要件である「住居」には該当しない。

イ. 通勤としての移動の経路を逸脱した場合であっても、日常生活上必要な行為であって厚生労働省令で定めるものをやむを得ない事由により行うための最小限度のものであるときは、当該逸脱の後の移動は、通勤災害の適用要件となる「通勤」に該当する。

ウ. 通勤の途中に怨恨をもってけんかをしかけられて負傷をした場合は、通勤をしていることが原因となり災害が発生したものではないので、通勤災害に該当しない。

エ. 通勤とは、労働者が、就業に関し、住居と就業の場所との間を、合理的な経路及び方法により往復すること（業務の性質を有するものを除く）をいうが、他に子供を監護する者がいない共稼ぎ労働者が保育園等にその子供を預けるためにとる経路は、合理的な経路として認められている。

解説　通勤災害

ア　不適切。通勤災害の適用要件である「住居」とは、労働者の就業
　　　　　の拠点となる居住場所のことをいい、早出や長時間残業
　　　　　の際の宿泊場所として生活の本拠以外に有しているア
　　　　　パートも、「住居」に該当する（労働者災害補償保険法
　　　　　7条2項、平18.3.31 基331042号）。

イ　適　切。労働者が、通勤としての移動の経路を逸脱し、又は移動
　　　　　を中断した場合においては、当該逸脱又は中断の間及び
　　　　　その後の移動は、通勤に該当しない（労働者災害補償保
　　　　　険法7条3項本文）。ただし、当該逸脱又は中断が、日
　　　　　常生活上必要な行為であって厚生労働省令で定めるも
　　　　　のをやむを得ない事由により行うための最小限度のも
　　　　　のである場合は、当該逸脱又は中断の間を除き、通勤と
　　　　　される（同条項ただし書）。

ウ　適　切。通勤の途中に怨恨をもってけんかをしかけられて負傷を
　　　　　した場合は、通勤をしていることが原因となり災害が発
　　　　　生したものではないので、通勤災害とは認められない
　　　　　（労働者災害補償保険法7条1項2号、平18.3.31 基発
　　　　　0331042号）。

エ　適　切。通勤とは、労働者が、就業に関し、住居と就業の場所と
　　　　　の間を、合理的な経路及び方法により往復すること（業
　　　　　務の性質を有するものを除く）をいい、他に子供を監護
　　　　　する者がいない共稼ぎ労働者が託児所、親せき等にあず
　　　　　けるためにとる経路などは、そのような立場にある労働
　　　　　者であれば、当然、就業のためにとらざるを得ない経路
　　　　　であるので、合理的な経路となるものと認められる（労
　　　　　働者災害補償保険法7条2項、平27.3.31 基発0331第
　　　　　21号）。

正解　ア

問題 83. 労働者災害補償保険法における療養補償給付に関する以下のアからオまでの記述のうち、最も<u>適切ではない</u>ものを1つ選びなさい。

ア．療養補償給付たる療養の給付を受けようとする被災労働者は、療養の給付に関する請求書を、指定病院等を経由して、所轄労働基準監督署長に提出しなければならない。

イ．傷病の症状が残った場合であっても、その症状が安定し、疾病が固定した状態になって治療の必要がなくなった場合には、療養補償給付は行われない。

ウ．療養補償給付は、社会復帰促進等事業として設置された病院、診療所、又は都道府県労働局長の指定する病院、診療所、薬局、訪問看護事業者（指定病院等）において行われる。

エ．政府は、療養の給付に代えて療養の費用を支給することができるが、療養の給付と療養の費用の支給のいずれかを受給するかは被災労働者の選択に委ねられる。

労働者災害補償保険法における療養補償給付

ア　適　切。療養補償給付たる療養の給付を受けようとする者は、療養の給付に関する請求書を、指定病院等を経由して、所轄労働基準監督署長に提出しなければならない（労働者災害補償保険法施行規則 12 条 1 項）。

イ　適　切。療養補償給付は、傷病の症状が残った場合でも、治癒後には行われない。なお、治癒とは、元の状態に復することではなく、症状が安定し、疾病が固定した状態になって治療の必要がなくなった場合は治癒と認められる（労働者災害補償保険法 13 条 2 項、昭 23.1.13 基災発 3 号）。

ウ　適　切。療養補償給付は、社会復帰促進等事業として設置された病院、診療所、又は都道府県労働局長の指定する病院、診療所、薬局、訪問看護事業者（指定病院等）において行われる（労働者災害補償保険法 13 条 1 項、同法施行規則 11 条 1 項）。

エ　不適切。療養補償給付は、現物支給が原則であり、療養の給付と療養の費用の支給のいずれかを被災労働者が選択して受給できるものではない。政府は、療養の給付をすることが困難な場合、療養の給付を受けないことについて労働者に相当の理由がある場合は、療養の給付に代えて療養の費用を支給することができる（労働者災害補償保険法 13 条 3 項、同法施行規則 11 条 1 項・11 条の 2）。

正解　エ

問題 84. 雇用保険の被保険者に関する以下のアからエまでの記述の
うち、最も<u>適切ではない</u>ものを1つ選びなさい。

ア．民間企業に勤めている労働者が長期に渡って欠勤している
場合であっても、雇用関係が存続する限り、賃金の支払を受
けているか否かを問わず被保険者となる。

イ．同時に2以上の適用事業に雇用される労働者について、その
者は、各々の適用事業との雇用関係において被保険者となる。

ウ．取締役であると同時に会社の部長、工場長等従業員として
の身分を有する者は、報酬支払等の面からみて労働者的性格
の強いものであって、雇用関係があると認められる場合には、
被保険者となる。

エ．内定者をアルバイトで雇用する場合など卒業を予定してい
る者であって、適用事業に雇用され、卒業した後も引き続き
当該事業に雇用されることとなっているものは、被保険者と
なり得る。

解説 | 雇用保険の被保険者 |

ア　適　切。労働者が長期欠勤している場合であっても、雇用関係が
　　　　　　存続する限り、賃金の支払を受けていると否とを問わず
　　　　　　被保険者となる（雇用保険法4条1項・6条、行政手引
　　　　　　20352）。

イ　不適切。同時に2以上の雇用関係にある労働者については、当該
　　　　　　2以上の雇用関係のうち一の雇用関係（原則として、そ
　　　　　　の者が生計を維持するに必要な主たる賃金を受ける雇
　　　　　　用関係とする）についてのみ被保険者となる（雇用保険
　　　　　　法4条1項、行政手引20352）。

ウ　適　切。株式会社の取締役は、原則として、被保険者とならない
　　　　　　が、取締役であると同時に会社の部長、工場長等従業員
　　　　　　としての身分を有する者は、報酬支払等の面からみて労
　　　　　　働者的性格の強いものであって、雇用関係があると認め
　　　　　　られる場合には被保険者となる（雇用保険法4条1項、
　　　　　　行政手引20351）。

エ　適　切。内定者をアルバイトで雇用する場合など卒業を予定し
　　　　　　ている者であって、適用事業に雇用され、卒業した後も
　　　　　　引き続き当該事業に雇用されることとなっているもの
　　　　　　は、被保険者となり得る（雇用保険法6条4号、則3条
　　　　　　の2第1号）。

正解　イ

問題 85. 雇用保険法の求職者給付における基本手当に関する以下の
アからエまでの記述のうち、最も<u>適切ではない</u>ものを1つ
選びなさい。

ア. 基本手当の支給を受けようとする者（未支給給付請求者を
除く）は、管轄公共職業安定所に出頭し、離職票に本人であ
ることを確認することができる書類を添えて提出しなけれ
ばならない。

イ. 被保険者が失業したとき、離職の日以前2年間に被保険者
期間が通算して6か月ある者は、特定受給資格者または特定
理由離職者に該当しなくても、基本手当の受給資格を有する。

ウ. 基本手当は、受給資格者が離職後最初に公共職業安定所に
出頭し、求職の申込みをした日以後、失業している日が通算
して7日に満たない間は支給されないが、受給期間内に就職
して新たな受給資格を取得することなく、再び失業した場合
には、待期期間は不要である。

エ. 被保険者が自己の責めに帰すべき重大な理由によって解雇
された場合、待期期間経過後1か月以上3か月以内の間で公
共職業安定所長の定める期間は、基本手当を支給しない。

解説 基本手当

ア　適　切。基本手当の支給を受けようとする者（未支給給付請求者を除く。）は、管轄公共職業安定所に出頭し、運転免許証その他の基本手当の支給を受けようとする者が本人であることを確認することができる書類を添えて又は個人番号カード（行政手続における特定の個人を識別するための番号の利用等に関する法律第二条第七項に規定する個人番号カードをいう。以下同じ。）を提示して離職票（当該基本手当の支給を受けようとする者が離職票に記載された離職の理由に関し、異議がある場合にあっては、離職票及び離職の理由を証明することができる書類）を提出しなければならない（雇用保険法施行規則 19 条 1 項）。

イ　不適切。基本手当は、被保険者が失業した場合において、離職の日以前 2 年間(算定対象期間)に、被保険者期間が通算して 12 か月以上あることが要件となる(雇用保険法 13 条 1 項)。

ウ　適　切。基本手当は、受給資格者が離職後最初に公共職業安定所に出頭し、求職の申込みをした日以後、失業している日が通算して 7 日に満たない間は支給されないが（雇用保険法 21 条）、受給期間内に就職して新たな受給資格を取得することなく、再び失業した場合には、待期期間は不要である（行政手引 51102）。

エ　適　切。被保険者が自己の責めに帰すべき重大な理由によって解雇され、又は正当な理由がなく自己の都合によって退職した場合には、待期期間の満了後、1 か月以上 3 か月以内の間で公共職業安定所長の定める期間は、基本手当を支給しない（雇用保険法 33 条 1 項）。

正解　イ

168

問題 86. 雇用保険法における就職促進給付に関する以下のアからエまでの記述のうち、最も適切ではないものを1つ選びなさい。

ア．就業促進手当は、職業に就いた者（厚生労働省令で定める安定した職業に就いた者を除く。）であって、当該職業に就いた日の前日における基本手当の支給残日数が当該受給資格に基づく所定給付日数の3分の1以上かつ45日以上である受給資格者に支給される。

イ．就業促進手当を支給したときは、当該就業促進手当を支給した日数に相当する日数分の基本手当を支給したものとみなされる。

ウ．再就職手当は、厚生労働省令で定める安定した職業に就いた者であって、当該職業に就いた日の前日における基本手当の支給残日数が当該受給資格に基づく所定給付日数の3分の1以上である受給資格者に支給するが、事業を開始した基本手当の受給資格者は、再就職手当を受給することができない。

エ．受給資格者が安定した職業に就いた日前3年以内の就職について、再就職手当の支給を受けたことがあるときは、当該安定した職業に就いたことに基づく再就職手当は支給されない。

解説　就職促進給付

ア　適　切。就業促進手当は、職業に就いた者（厚生労働省令で定める安定した職業に就いた者を除く。）であって、当該職業に就いた日の前日における基本手当の支給残日数が当該受給資格に基づく所定給付日数の3分の1以上かつ45日以上である受給資格者に支給される（雇用保険法56条の3第1項1号イ）。

イ　適　切。就業促進手当を支給したときは、当該就業促進手当を支給した日数に相当する日数分の基本手当を支給したものとみなされる。（雇用保険法56条の3第4項）。

ウ　不適切。再就職手当は、厚生労働省令で定める安定した職業に就いた者であって、当該職業に就いた日の前日における基本手当の支給残日数が当該受給資格に基づく所定給付日数の3分の1以上である受給資格者に支給する（雇用保険法56条の3第1項1号ロ）。事業を開始した基本手当の受給資格者であっても、当該事業が当該受給資格の自立に資するもので他の要件を満たす場合は、再就職手当を受給することができる（雇用保険法56条の3第1項1号ロ、雇用保険法施行規則82条1項2号、82条の2）。

エ　適　切。受給資格者が安定した職業に就いた日前3年以内の就職について、再就職手当の支給を受けたことがあるときは、当該安定した職業に就いたことに基づく再就職手当は支給されない（雇用保険法施行規則82条の4）。

正解　ウ

問題 87. 雇用保険法における一般教育訓練給付に関する以下のアからエまでの記述のうち、最も<u>適切ではない</u>ものを1つ選びなさい。

ア. 一般教育訓練給付金の支給対象となる教育訓練経費とは、申請者本人が教育訓練実施者に対して支払った入学料と受講料（最大1年分）の合計をいい、検定試験の受験料、受講のための交通費、パソコンなどの器材の費用などについては含まれない。

イ. 一般教育訓練給付に関して、教育訓練の受講のために支払った費用として認められるのは、入学料、受講料の他キャリアコンサルティングにかかる費用などもある。

ウ. 一般教育訓練給付金における支給額は、原則として、教育訓練施設に支払った教育訓練経費の 20%に相当する額であるが、その額が 4,000 円を超えない場合は支給されない。

エ. 一般教育訓練に係る教育訓練給付金の上限額は 20 万円である。

解説　教育訓練給付

ア　適　切。一般教育訓練給付金の支給対象となる教育訓練経費とは、申請者本人が教育訓練実施者に対して支払った入学料と受講料（最大1年分）の合計をいい、検定試験の受験料、受講のための交通費、パソコンなどの器材の費用などについては含まれない。

イ　適　切。教育訓練給付に関して、教育訓練の受講のために支払った費用として認められるのは、入学料、受講料の他キャリアコンサルティングにかかる費用などもある（雇用保険法60条の2第4項、則101条の2の2、則101条の2の6）。

ウ　適　切。一般教育訓練給付金における支給額は、原則として、教育訓練施設に支払った教育訓練経費の20%に相当する額となるが、その額が10万円を超える場合は10万円とし、4千円を超えない場合は支給されない（雇用保険法施行規則101条の2の7～101条の2の9）。

エ　不適切。一般教育訓練に係る教育訓練給付金の上限額は10万円である（雇用保険法60条の2第4項、則101条の2の8）。

正解　エ

問題 88. 健康保険・厚生年金保険（以下社会保険という。）の適用者拡大に関する次の文章中の（　　）に入る適切な語句の組合せを、以下のアからエまでのうち１つ選びなさい。

令和６年 10 月から社会保険の被保険者数が（　a　）人以上の企業等で働く短時間労働者の社会保険加入が義務化される。

加入対象の要件は以下の通りである。

① 週の所定労働時間が（　b　）以上
② 所定内賃金が月額 8.8 万円以上
③ ２か月を超える雇用の見込みがある
④ 学生ではない

ア．a．51 人　　　b．20 時間

イ．a．51 人　　　b．30 時間

ウ．a．100 人　　　b．20 時間

エ．a．100 人　　　b．30 時間

解説　　社会保険の適用者拡大

　令和6年10月から社会保険の被保険者数が（**a．51**）人以上の企業等で働く短時間労働者の社会保険加入が義務化される。

　加入対象の要件は以下の通りである。
① 週の所定労働時間が（**b．20時間**）以上
② 所定内賃金が月額8.8万円以上
③ 2か月を超える雇用の見込みがある
④ 学生ではない

正解　ア

174

問題 89. 健康保険の任意継続被保険者に関する以下のアからエまでの記述のうち、最も適切ではないものを1つ選びなさい。

ア. 会社などを退職して被保険者の資格を失ったときは、一定の条件のもとに個人の希望により被保険者として継続することができるが、これにより加入した被保険者を任意継続被保険者という。

イ. 任意継続被保険者の資格取得の申出は、被保険者の資格を喪失した日から20日以内にしなければならない。

ウ. 任意継続被保険者の保険給付は、一般の被保険者の保険給付に準じて行われることから、任意継続被保険者には傷病手当金及び出産手当金が支給される。

エ. 任意継続被保険者の標準報酬月額については、当該任意継続被保険者が被保険者の資格を喪失したときの標準報酬月額と協会けんぽの任意継続被保険者の標準報酬月額の上限のうち、いずれか少ない額をもって、その者の標準報酬月額とする。

解説 　健康保険の任意継続被保険者

ア　適　切。会社などを退職して被保険者の資格を失ったときは、一定の条件のもとに個人の希望により被保険者として継続することができるが、これにより加入した被保険者を任意継続被保険者という。

イ　適　切。任意継続被保険者の資格取得の申出は、被保険者の資格を喪失した日から 20 日以内にしなければならない。

ウ　不適切。任意継続被保険者の保険給付は、一般の被保険者の保険給付に準じて行われるが、任意継続被保険者には傷病手当金及び出産手当金は支給されない。

エ　適　切。任意継続被保険者の標準報酬月額については、当該任意継続被保険者が被保険者の資格を喪失したときの標準報酬月額と協会けんぽの任意継続被保険者の標準報酬月額の上限のうち、いずれか少ない額をもって、その者の標準報酬月額とする。※協会けんぽの 2024 年度の任意継続被保険者の標準報酬月額の上限は 30 万円である。

正解　ウ

問題 90. 健康保険法における傷病手当金に関する以下のアからエまでの記述のうち、最も適切ではないものを1つ選びなさい。

ア. 傷病手当金は、病気休業中に被保険者とその家族の生活を保障するために設けられた制度で、病気やけがのために会社を休み、事業主から十分な報酬が受けられない場合に支給される。

イ. 傷病手当金は、被保険者が病気やけがのために働くことができず、会社を休んだ日が連続して7日間あったうえで、8日目以降、休んだ日に対して支給される。

ウ. 被保険者が休んだ期間について、給与の支払いがある場合、傷病手当金は支給されないが、休んだ期間についての給与の支払いがあってもその給与の日額が、傷病手当金の日額より少ないときは、その差額が支給される。

エ. 傷病手当金が支給される期間は、支給開始日から通算して1年6か月である。

解説　傷病手当金

ア　適　切。傷病手当金は、病気休業中に被保険者とその家族の生活を保障するために設けられた制度で、病気やけがのために会社を休み、事業主から十分な報酬が受けられない場合に支給される。

イ　不適切。傷病手当金は、被保険者が病気やけがのために働くことができず、会社を休んだ日が連続して3日間あったうえで、4日目以降、休んだ日に対して支給される。

ウ　適　切。被保険者が休んだ期間について、給与の支払いがある場合、傷病手当金は支給されないが、休んだ期間についての給与の支払いがあってもその給与の日額が、傷病手当金の日額より少ないときは、その差額が支給される。

エ　適　切。傷病手当金が支給される期間は、支給開始日から通算して1年6か月である。

正解　イ

問題 91. 健康保険の療養の給付に関する以下のアからエまでの記述のうち、最も適切ではないものを1つ選びなさい。

ア．病気やけがで移動が困難な患者が、医師の指示で一時的・緊急的必要があり、移送された場合は、移送費が現金給付として支給される。

イ．健康保険の被保険者が死亡したときは、その者により生計を維持していた者であって、埋葬を行う者に対し、埋葬料として、5万円が支給される。

ウ．被保険者及びその被扶養者が出産したときは、出産育児一時金（家族出産育児一時金を含む）として、一児ごとに 42 万円が支給される。

エ．高額療養費とは、同一月にかかった医療費の自己負担額が高額になった場合、一定の金額（自己負担限度額）を超えた分が、あとで払い戻される制度である。

解説　健康保険の療養の給付

ア　適　切。病気やけがで移動が困難な患者が、医師の指示で一時的・緊急的必要があり、移送された場合は、移送費が現金給付として支給される。

イ　適　切。健康保険の被保険者が死亡したときは、その者により生計を維持していた者であって、埋葬を行う者に対し、埋葬料として、5万円が支給される。

ウ　不適切。被保険者及びその被扶養者が出産したときは、出産育児一時金（家族出産育児一時金を含む）として、一児ごとに50万円が支給される。

エ　適　切。高額療養費とは、同一月にかかった医療費の自己負担額が高額になった場合、一定の金額（自己負担限度額）を超えた分が、あとで払い戻される制度である。

正解　ウ

問題 92. 老齢年金に関する以下のアからエまでの記述のうち、最も適切ではないものを1つ選びなさい。

ア. 老齢年金を受け取るためには、保険料納付済期間（厚生年金保険や共済組合等の加入期間を含む）と保険料免除期間などを合算した資格期間が、10年以上必要となる。

イ. 老齢基礎年金は、20歳から60歳になるまでの40年間の国民年金の加入期間等に応じて年金額が計算されるが、ここでいう加入期間等には、国民年金保険料を納付した期間や免除を受けた期間のほか、サラリーマンや公務員として厚生年金保険や共済組合等に加入した期間も含まれる。

ウ. 厚生年金保険に加入している会社、工場、商店などの適用事業所に常用的に使用される65歳未満の者は、国籍や性別、年金の受給の有無にかかわらず、厚生年金保険の被保険者となる。

エ. 老齢厚生年金は、加入期間が1か月であっても受け取ることができる。

解説　　老齢年金

ア　適　切。老齢年金を受け取るためには、保険料納付済期間（厚生
　　　　　　年金保険や共済組合等の加入期間を含む）と保険料免除
　　　　　　期間などを合算した資格期間が、10年以上必要となる。

イ　適　切。老齢基礎年金は、20歳から60歳になるまでの40年間
　　　　　　の国民年金の加入期間等に応じて年金額が計算される
　　　　　　が、ここでいう加入期間等には、国民年金保険料を納付
　　　　　　した期間や免除を受けた期間のほか、サラリーマンや公
　　　　　　務員として厚生年金保険や共済組合等に加入した期間
　　　　　　も含まれる。

ウ　不適切。厚生年金保険に加入している会社、工場、商店などの適
　　　　　　用事業所に常用的に使用される70歳未満の者は、国籍
　　　　　　や性別、年金の受給の有無にかかわらず、厚生年金保険
　　　　　　の被保険者となる。

エ　適　切。老齢厚生年金は、加入期間が1か月であっても受け取る
　　　　　　ことができる。

正解　ウ

182

問題 93. 老齢年金の受給開始時期に関する以下のアからエまでの記述のうち、最も<u>適切ではない</u>ものを１つ選びなさい。

ア．老齢年金は、原則として 65 歳から受給できるが、65 歳後に受給資格期間を満たした場合は、受給資格期間を満たしたときから老齢基礎年金を受け取ることができる。

イ．老齢年金の受給は、60 歳から 65 歳までの間に繰上げて減額された年金を受け取る「繰上げ受給」や、66 歳から 75 歳までの間に繰下げて増額された年金を受け取る「繰下げ受給」を選択することができる。

ウ．60 歳から老齢年金を繰り上げて受給した場合は、その年金額が 42%減額される。

エ．老齢年金を 65 歳で受け取らずに 75 歳までに繰り下げて受給する場合は、その年金額は 84%増額される。

解説 　老齢年金の受給開始時期

ア　適　切。老齢年金は、原則として65歳から受給できるが、65歳
　　　　　　後に受給資格期間を満たした場合は、受給資格期間を満
　　　　　　たしたときから老齢基礎年金を受け取ることができる。

イ　適　切。老齢年金の受給は、60歳から65歳までの間に繰上げ
　　　　　　て減額された年金を受け取る「繰上げ受給」や、66歳
　　　　　　から75歳までの間に繰下げて増額された年金を受け取
　　　　　　る「繰下げ受給」を選択することができる。

ウ　不適切。60歳から老齢年金を繰り上げて受給した場合は、以下
　　　　　　のとおりである。
　　　　　　・昭和37年4月1日以前生まれの人は最大30%の減額
　　　　　　・昭和37年4月2日以降生まれの人は最大24%の減額

エ　適　切。老齢年金を65歳で受け取らずに75歳までに繰り下げ
　　　　　　て受給する場合は、その年金額は84%増額される。

正解　ウ

問題 94. 年金制度における遺族年金に関する以下のアからエまでの記述のうち、最も<u>適切ではない</u>ものを1つ選びなさい。

ア. 遺族年金は、国民年金または厚生年金保険の被保険者または被保険者であった者が、亡くなったときに、その者によって生計を維持されていた遺族が受けることができる年金である。

イ. 遺族年金には、「遺族基礎年金」「遺族厚生年金」があり、亡くなった者の年金の加入状況などによって、いずれかまたは両方の年金が支給される。

ウ. 国民年金の被保険者等であった者が、受給要件を満たしている場合、亡くなった者によって生計を維持されていた「子のある配偶者」または「子」が、遺族基礎年金を受け取ることができる。

エ. 厚生年金保険の被保険者等であった者が、受給要件を満たしている場合、亡くなった者によって生計を維持されていた遺族は、遺族厚生年金を受け取ることができるが、子のない配偶者は遺族厚生年金の受給対象者に含まれない。

解説 | 遺族年金 |

ア　適　切。遺族年金は、国民年金または厚生年金保険の被保険者または被保険者であった者が、亡くなったときに、その者によって生計を維持されていた遺族が受けることができる年金である。

イ　適　切。遺族年金には、「遺族基礎年金」「遺族厚生年金」があり、亡くなった者の年金の加入状況などによって、いずれかまたは両方の年金が支給される。

ウ　適　切。国民年金の被保険者等であった者が、受給要件を満たしている場合、亡くなった者によって生計を維持されていた「子のある配偶者」または「子」が、遺族基礎年金を受け取ることができる。つまり、子のない配偶者は遺族基礎年金の受給対象者には含まれない。

エ　不適切。厚生年金保険の被保険者等であった者が、受給要件を満たしている場合、亡くなった者によって生計を維持されていた遺族は、遺族厚生年金を受け取ることができるが、遺族基礎年金と異なり、子のない配偶者も遺族厚生年金の受給対象者に含まれる。

| 正解　エ |

問題 95. 中小企業退職金共済制度に関する以下のアからエまでの記述のうち、最も適切ではないものを１つ選びなさい。

ア. 中小企業退職金共済制度は、中小企業の従業員について、中小企業者の相互扶助の精神に基づき、その拠出による退職金共済制度を確立し、もってこれらの従業員の福祉の増進と中小企業の振興に寄与することを目的とする。

イ. 中小企業退職金共済制度とは、中小企業者が独立行政法人勤労者退職金共済機構と退職金共済契約又は特定業種退職金共済契約を締結し、機構に掛金を納付することにより、従業員が退職したときにその従業員に対して、機構から退職金が支払われる制度である。

ウ. 中小企業退職金共済制度の掛金月額は、被共済者１人につき、5,000 円（短時間労働被共済者は 2,000 円）以上 30,000円以下とされ、掛金については、個人と企業が半分ずつ負担する。

エ. 独立行政法人勤労者退職金共済機構は、中小企業者が、退職金共済契約の申込みをすること及び共済契約者が掛金月額の増加の申込みをすることを促進するため、厚生労働省令で定めるところにより、共済契約者の掛金に係る負担を軽減する措置として、一定月分の掛金の額を減額することができる。

解説　中小企業退職金共済制度

ア　適　切。中小企業退職金共済制度は、中小企業の従業員につい
　　　　　て、中小企業者の相互扶助の精神に基づき、その拠出に
　　　　　よる退職金共済制度を確立し、もってこれらの従業員の
　　　　　福祉の増進と中小企業の振興に寄与すること等を目的
　　　　　とする（中小企業退職金共済法1条）。

イ　適　切。中小企業退職金共済制度とは、中小企業者が独立行政法
　　　　　人勤労者退職金共済機構と退職金共済契約又は特定業
　　　　　種退職金共済契約を締結し、機構に掛金を納付すること
　　　　　により、従業員が退職したときにその従業員に対して、
　　　　　機構から退職金が支払われる制度である（独立行政法人
　　　　　勤労者退職金共済機構のホームページより）。

ウ　不適切。掛金月額は、被共済者1人につき、5,000円（短時間労
　　　　　働被共済者は2,000円）以上30,000円以下とされてい
　　　　　る（中小企業退職金共済法4条2項）。掛金については、
　　　　　全額を事業主が負担する。

エ　適　切。独立行政法人勤労者退職金共済機構は、中小企業者が、
　　　　　退職金共済契約の申込みをすること及び共済契約者が
　　　　　掛金月額の増加の申込みをすることを促進するため、厚
　　　　　生労働省令で定めるところにより、共済契約者の掛金に
　　　　　係る負担を軽減する措置として、一定月分の掛金の額を
　　　　　減額することができる（中小企業退職金共済法23条1
　　　　　項）。

正解　ウ

問題 96. 給与所得者の確定申告に関する次の文章中の（　　）に入る適切な語句の組合せを、以下のアからエまでのうち1つ選びなさい。

　給与所得がある方のうち、大部分の方は年末調整で所得税及び復興特別所得税が精算されることとなるため、確定申告をする必要はないが、次のいずれかに該当する者は確定申告を行わなければならない。

① 給与の収入金額が（　a　）円を超える者

② 給与所得や退職所得以外の所得金額（収入金額から必要経費を控除した後の金額）の合計額が（　b　）円を超える者

③ 2か所以上から給与の支払を受けている方のうち、給与の全部が源泉徴収の対象となる場合において、年末調整されなかった給与の収入金額と、給与所得や退職所得以外の所得金額との合計額が（　c　）円を超える者

ア．a．2000万　　　b．20万　　　c．20万

イ．a．2000万　　　b．30万　　　c．50万

ウ．a．1500万　　　b．20万　　　c．30万

エ．a．1500万　　　b．30万　　　c．50万

解説　　給与所得者の確定申告

給与所得がある方のうち、大部分の方は年末調整で所得税及び復興特別所得税が精算されることとなるため、確定申告をする必要はないが、次のいずれかに該当する者は確定申告を行わなければならない。

① 給与の収入金額が（**a．2,000 万**）円を超える者

② 給与所得や退職所得以外の所得金額（収入金額から必要経費を控除した後の金額）の合計額が（**b．20 万**）円を超える者

③ 2 か所以上から給与の支払を受けている方のうち、給与の全部が源泉徴収の対象となる場合において、年末調整されなかった給与の収入金額と、給与所得や退職所得以外の所得金額との合計額が（**c．20 万**）円を超える者

正解　ア

問題 97. 所得控除に関する以下のアからエまでの記述のうち、最も適切ではないものを 1 つ選びなさい。

ア. 配偶者控除は、納税者の合計所得が 1,000 万円以下で、配偶者の合計所得が 48 万円以下の場合に適用される。

イ. 勤労学生控除は、学校に行きながら働いている合計所得金額が 75 万円以下の人に適用される。

ウ. 扶養控除は、16 歳以上の子どもや両親などを扶養している人に適用される。

エ. 基礎控除は、合計所得金額が 2,000 万円以下の人に適用される。

解説　　所得控除

ア　適　切。配偶者控除は、納税者の合計所得が 1,000 万円以下で、配偶者の合計所得が 48 万円以下の場合に適用される。

イ　適　切。勤労学生控除は、学校に行きながら働いている合計所得金額が 75 万円以下の人に適用される。

ウ　適　切。扶養控除は、16 歳以上の子どもや両親などを扶養している人に適用される。

エ　不適切。基礎控除は、合計所得金額が 2,500 万円以下の人に適用される。

正解　エ

問題 98. 個別労働紛争解決手続に関する以下のアからエまでの記述のうち、最も適切ではないものを1つ選びなさい。

ア.「労働審判手続」は、裁判官1名と労働関係の専門家である労働審判員2名が労働審判委員会を構成し、原則として3回以内の期日で、話合いによる解決を試みながら、最終的に審判を行う手続である。

イ.「少額訴訟手続」は、原則として1回の審理で判決がされる特別な訴訟手続で、100万円以下の金銭の支払を求める場合にのみ利用することができる。

ウ.「民事調停手続」は、裁判官または調停官1名と一般国民から選ばれた調停委員2名以上で構成される調停委員会の仲介を受けながら、簡易な事案から複雑困難な事案まで実情に応じた話合いによる解決を図る手続である。

エ.「通常訴訟手続」は、裁判官が、法廷で、双方の言い分を聴いたり、証拠を調べたりして、最終的に判決によって紛争の解決を図る手続である。

解説　　|個別労働紛争解決手続|

ア　適　切。「労働審判手続」は、裁判官１名と労働関係の専門家で
　　　　　　ある労働審判員２名が労働審判委員会を構成し、原則と
　　　　　　して３回以内の期日で、話合いによる解決を試みながら、
　　　　　　最終的に審判を行う手続である。

イ　不適切。「少額訴訟手続」は、原則として１回の審理で判決がさ
　　　　　　れる特別な訴訟手続で、60 万円以下の金銭の支払を求
　　　　　　める場合にのみ利用することができる。

ウ　適　切。「民事調停手続」は、裁判官または調停官１名と一般国
　　　　　　民から選ばれた調停委員２名以上で構成される調停委
　　　　　　員会の仲介を受けながら、簡易な事案から複雑困難な事
　　　　　　案まで実情に応じた話合いによる解決を図る手続であ
　　　　　　る。

エ　適　切。「通常訴訟手続」は、裁判官が、法廷で、双方の言い分
　　　　　　を聴いたり、証拠を調べたりして、最終的に判決によっ
　　　　　　て紛争の解決を図る手続である。

|正解　イ|

問題 99. 労働組合に関する以下のアからエまでの記述のうち、最も適切ではないものを1つ選びなさい。

ア. 団体の運営のための経費の支出について、使用者から経理上の援助を受けている団体は、労働組合法における「労働組合」とは認められないが、最小限の広さの事務所の供与を受けているにすぎない場合には、同法における「労働組合」と認められうる。

イ. 使用者は、労働組合との間で、自己の雇用する労働者のうち、当該労働組合に加入しない者及び脱退した者を解雇する旨の労働協約を結ぶことができるが、判例によれば、協定締結組合以外の組合に加入している者や、協定締結組合から脱退し又は除名されたが別の組合に加入した者あるいは新たな労働組合を結成した者について、使用者の解雇義務を定める部分については、無効とされる。

ウ. 労働組合は、規約で定めた解散事由の発生又は組合員又は構成団体の3分の2以上の多数による総会の決議によって解散する。

エ. 判例は、使用者と過半数労働組合との間で、組合員の賃金から組合費を控除する旨のチェック・オフ協定が労働協約の形式で締結されている場合であっても、使用者が有効なチェック・オフを行うためには、使用者が個々の組合員から、賃金から控除した組合費相当分を労働組合に支払うことにつき委任を受けることが必要であるとしている。

解説　　労働組合

ア　適　切。「団体の運営のための経費の支出につき使用者の経理上
　　　　　　の援助を受けるもの」は、労働組合法における「労働組
　　　　　　合」とは認められないが、最小限の広さの事務所の供与
　　　　　　を受けることは、ここでいう「経理上の援助を受けるも
　　　　　　の」から除外されているため、「労働組合」と認められ
　　　　　　うる（労働組合法2条2号）。

イ　適　切。使用者は、労働組合との間で、自己の雇用する労働者
　　　　　　のうち、当該労働組合に加入しない者及び脱退した者を
　　　　　　解雇する旨の労働協約（ユニオンショップ協定）を結ぶ
　　　　　　ことができる。ただし、協定締結組合以外の組合に加入
　　　　　　している者や、協定締結組合から脱退し又は除名された
　　　　　　が別の組合に加入した者あるいは新たな労働組合を結
　　　　　　成した者について、使用者の解雇義務を定める部分につ
　　　　　　いては、無効である（最判平元.12.14　三井倉庫港運事
　　　　　　件）。

ウ　不適切。労働組合は、規約で定めた解散事由の発生または組合員
　　　　　　又は構成団体の4分の3以上の多数による総会の決議
　　　　　　によって解散する（労働組合法10条）。

エ　適　切。判例は、使用者と過半数労働組合との間で、組合員の賃
　　　　　　金から組合費を控除する旨のチェック・オフ協定が労働
　　　　　　協約の形式で締結されている場合であっても、使用者が
　　　　　　有効なチェック・オフを行うためには、使用者が個々の
　　　　　　組合員から、賃金から控除した組合費相当分を労働組合
　　　　　　に支払うことにつき委任を受けることが必要であると
　　　　　　している（最判平5.3.25　エッソ石油事件）。

正解　ウ

問題100. 労働協約に関する以下のアからエまでの記述のうち、最も適切ではないものを1つ選びなさい。

ア．労働組合と使用者又はその団体との間の労働条件その他に関する労働協約は、書面に作成し、両当事者が署名し、又は記名押印することで効力を生ずる。

イ．労働協約は、3年を超える有効期間の定めをすることができず、3年を超える有効期間を定めた労働協約は、無効となる。

ウ．一つの工場事業場に常時使用される同種の労働者の4分の3以上の数の労働者が一つの労働協約の適用を受けるに至ったときは、当該工場事業場に使用される他の同種の労働者に関しても、当該労働協約が適用される。

エ．労働協約に定める労働条件その他の労働者の待遇に関する基準に違反する労働契約の部分は、無効となり、無効となった部分は労働協約の基準の定めるところによることとなる。

解説　　労働協約

ア　適　切。労働組合と使用者又はその団体との間の労働条件その
　　　　　　他に関する労働協約は、書面に作成し、両当事者が署名
　　　　　　し、又は記名押印することによってその効力を生ずる
　　　　　　（労働組合法 14 条）。そして、判例は、口頭による合意
　　　　　　や黙示の合意については、合意内容が明確になっていた
　　　　　　としても、労働協約の規範的効力は発生しないとしてい
　　　　　　る（最判平 13.3.13　都南自動車教習所事件）。

イ　不適切。労働協約は、3 年を超える有効期間の定めをすること
　　　　　　ができず、3 年を超える有効期間を定めた労働協約は、
　　　　　　3 年の有効期間を定めた労働協約とみなされる（労働組
　　　　　　合法 15 条 1 項・2 項）。

ウ　適　切。一つの工場事業場に常時使用される同種の労働者の 4
　　　　　　分の 3 以上の数の労働者が一つの労働協約の適用を受
　　　　　　けるに至ったときは、当該工場事業場に使用される他の
　　　　　　同種の労働者に関しても、当該労働協約が適用される
　　　　　　（労働組合法 17 条）。

エ　適　切。労働協約に定める労働条件その他の労働者の待遇に関
　　　　　　する基準に違反する労働契約の部分は、無効となり、無
　　　　　　効となった部分は、労働協約の基準の定めるところによ
　　　　　　る（労働組合法 16 条）。

正解　イ

197

ワークライフ・コーディネーター認定試験 公式精選問題集

2024 年 7 月 23 日　初版第 1 刷発行

編　者　一般財団法人 全日本情報学習振興協会

発行者　牧野 常夫

発行所　一般財団法人 全日本情報学習振興協会
　　　　〒101-0061　東京都千代田区神田三崎町 3-7-12
　　　　　　　　　　　　　　　　清話会ビル 5F
　　　　　　　　TEL：03-5276-6665

販売元　株式会社 マイナビ出版
　　　　〒101-0003　東京都千代田区一ツ橋 2-6-3
　　　　　　　　　　　　　　　一ツ橋ビル 2F
　　　　TEL：0480-38-6872（注文専用ダイヤル）
　　　　　　03-3556-2731（販売部）
　　　　URL：http：//book.mynavi.jp

印刷・製本　大日本法令印刷株式会社